일러두기

본서의 참고자료와 인용 출처는 저자 블로그 blog.naver.com/law_esg 내 전용 게시판에 정리하여 제공합니다. 해당 페이지는 QR코드를 통해 즉시 접속할 수 있으며, 필요한 추가 정보 및 업데이트도 지속적으로 반영할 예정입니다.
책의 내용과 관련한 문의는 저자 이메일 law_esg@naver.com으로 보내주시기 바랍니다.
이 책의 모든 내용과 견해는 전적으로 저자의 개인적 분석이며, 저자가 소속된 기관의 공식 입장이나 견해를 대변하지 않습니다.

트럼프
코드
가치 전쟁

트럼프 코드 가치 전쟁

펴낸날 2025년 12월 10일 1판 1쇄

지은이 홍상범

펴낸이 金永先

편집 이교숙

디자인 김유진

펴낸곳 알토북스

주소 경기도 고양시 덕양구 청초로 10 GL 메트로시티한강 A동 19층 A1-1924호

전화 (02) 719-1424

팩스 (02) 719-1404

출판등록번호 제13-19호

ISBN 979-11-94655-21-3 (03300)

> 알토북스와 함께 새로운 문화를 선도할 참신한 원고를 기다립니다.
> 이메일 geniesbook@naver.com (원고 투고)

- 이 책은 저작권자와의 계약에 따라 발행한 것이므로 본사의 허락 없이는 어떠한 형태나 수단으로도 이 책의 내용을 사용하지 못합니다.
- 파본은 구입하신 서점에서 교환해 드립니다.

트럼프 코드
가치 전쟁

ESG를 둘러싼 새로운 자본주의의 얼굴

홍상범 지음

알토북스

프롤로그

ESG 논쟁, 그 이면을 묻다

2024년 11월 5일, 미국 대통령 선거일이었다. 누군가 내기를 제안했다.

"트럼프가 이길까, 해리스가 이길까?"

하지만 내기는 성립되지 않았다. 두 사람 모두 해리스의 승리를 확신했기 때문이다. 그러나 결과는 예상 밖이었다. 트럼프의 압승이었다. 538명의 선거인단 중 트럼프가 312표를, 해리스가 226표를 얻었다. 전체 득표수에서도 트럼프가 앞섰다. 믿기 어려운 결과였다. 선거 전날까지만 해도 주요 언론들은 박빙의 승부를 점쳤기 때문이다. 그렇다면 왜 이렇게까지 예측이 빗나갔을까?

돌이켜보면 나는 트럼프에 대한 선입견에서 자유롭지 못했다. 그의 철학이나 정책을 깊이 들여다본 적도 없이 그저 '기이한 인물'로만 인식하고 있었다. 당시 나는 2차전지 관련 주식에 투자하고 있었기에 자연히 전기차 산업에 우호적인 해리스의 승리를 기대했다. 당시 언론에서도 해리스의 우세를 언급한 곳이 많았고, 나 역시 그 시각에 영향을 받아 자신도 모르게 확증편향에 빠져 있었다.

  이 책은 그러한 인식의 한계를 돌아보는 기록이자, 미국 정치의 새로운 국면, 이른바 '트럼프 2기 시대'를 이해하려는 하나의 백서White Paper다. 그리고 그 사유의 출발점에는 다음과 같은 질문이 있었다.

"트럼프는 왜 ESG를 반대하는가?"

  이 질문은 단순히 한 정치인의 입장을 묻는 것이 아니다. 오늘날 미국 사회가 ESG를 둘러싸고 어떤 가치적 충돌을 겪고 있는지를 탐색하는 출발점이다.

  현재 미국에서 ESG는 주요한 사회적 논쟁의 중심에 있다. 'ESG 전쟁'이라 불릴 정도로 기후와 에너지에서부터 투자·인공지능, 문화·교육, 성 정체성에 이르기까지 보수와 진보가 거의 모든 영역에서 첨예하게 대립하고 있다.

트럼프가 ESG에 부정적인 입장을 보여 왔다는 사실은 널리 알려져 있다. 그러나 중요한 것은 그가 왜 그런 입장을 취하는가, 그리고 그를 지지하는 미국 보수 진영은 ESG의 어떤 측면에서 문제를 제기하고 있는가이다.

이에 대해 심층적으로 다룬 자료는 많지 않다. 대부분의 언론은 단편적 보도에 그치고, ESG 전문가들 역시 ESG의 확산을 목표로 삼는 경향이 강하다. 그 결과 ESG의 한계나 부작용에 대한 논의는 상대적으로 부족하다. 그러나 지속 가능한 ESG를 위해서는 비판적 검토와 건설적 성찰이 반드시 필요하다.

이 책은 바로 그 질문에서 출발한다.

"미국 보수는 왜 ESG를 반대하는가?"라는 물음에 이념이 아닌 논리로, 감정이 아닌 데이터로 접근하고자 했다.

첫 책인 『ESG 도전과 응전』은 ESG의 한계와 문제점을 짚으며 '비판적 지지자'의 시각에서 분석한 책이었다. 이번 책은 그 연장선상에 있으면서도, 하나의 독립된 저작으로 읽힐 수 있도록 구성했다. 전체는 7장으로 이루어져 있으며, 독자는 순서에 구애받지 않고 흥미로운 주제부터 자유롭게 읽어도 된다.

이제 트럼프와 미국 보수 진영이 바라보는 ESG의 세계로 들어가 보자. 그들의 논리와 논쟁 속에는 우리가 미처 보지 못했던 또 하나의 'ESG 얼굴'이 숨어 있을지도 모른다.

저자 홍상범

목차

프롤로그 ESG 논쟁, 그 이면을 묻다 006

1부 돈의 전쟁
'정의'의 이름으로 시장을 통제하다

1장 지구 온난화는 진실인가, 거대한 신화인가

기후 변화 회의론과 트럼프의 시각 018
· 기후에도 사계절이 있다, 기후 춘하추동설 021
· 지구 온난화의 경제적 이해관계 024

온실가스는 정말 오염물질일까 025
· 80%의 미국 보수가 믿지 않는 '기후 위기' 026

이단인가 합리성인가, 기후 회의론의 네 가지 반론 030

2장   에너지 전쟁
'녹색'보다 '전기'가 세상을 지배한다

트럼프의 '에너지 해방', 무엇을 바꾸려는가   050
경제 패권과 에너지   053
· 빅테크의 넷제로 딜레마   057

3장   착한 투자의 함정
ESG는 자본을 잠식하는 이념인가

ESG의 뿌리와 '좋은 투자'의 유토피아   062
옳은 투자 vs 이윤의 자유   065
· 주주 이익이 우선이야? vs 사회적 책임이 우선이야?   066
· ESG 투자는 정말 수익률이 높을까   068
· ESG 수익률 신화는 왜 무너졌는가   069
· ESG와 음모론, 금융을 통한 통제 시스템   071
ESG 투자가 불법이라고? 반 ESG 투자법   074
· 반격에 부딪힌 ESG 투자 정책   080
ESG는 담합인가, 공정거래법과의 충돌   084
· 기후 카르텔 & 에너지 카르텔   086
· 대형 은행의 탄소중립 탈퇴 러시, 자본의 균열   088

2부 가치의 전쟁
상식과 이념이 충돌하는 사회

4장 말의 전쟁
'정치적 올바름'은 새로운 금기다

PC(정치적 올바름)·DEI(다양성·형평성·포용성)와의 전쟁　096
- PC가 뭐지?　100
- '크리스마스'를 금지한 사회　102
- 배려일까, 검열일까, 말의 경계선에 선 사회　108

정치적 '올바름', 도대체 뭐가 '옳다'는 걸까?　113
- 영국 갱단 범죄 사건에 등장한 PC　115

The Woke, 미국판 강남좌파의 도덕 정치　117

좌파조차 비판하는 PC, 상식의 붕괴　120

5장 다양성의 역설
평등이 불평등을 낳을 때

포용의 이상과 역차별의 논란　126
- 2024년 미국 대선, DEI 국민투표가 되다　128
- 평등의 명분이 낳은 역차별　132

다양성의 이름으로 벌어지는 아이러니　135
- 블랙워싱이란 무엇인가　139
- DEI의 실효성 논란과 능력주의의 부상　140

소수자 보호와 능력주의 가치의 충돌　144
- AI로 번진 DEI 논쟁과 이념 편향 AI의 금지　146
- 기업 현장의 진실, DEI 피로감　147
- 미 연방 법무부의 "불법 차별" 지침서　149
- 뒤바뀐 시대의 역설, DEI를 둘러싼 혼란　150
- 파격적이면서도 지극히 정상적인 연설　152

6장 잃어버린 자부심
백인은 언제부터 소수자가 되었나

역차별의 시대, 소박한 꿈을 꾸는 백인 노동자들 156
- 미국의 국가 전략과 인종 다양성 157
- 가난한 백인, 침묵한 다수의 분노 159
- 흑백의 대문자 논쟁 161
- 보이지 않는 백인, 중산층의 몰락과 낙인 162
- 『힐빌리의 노래』가 담아낸 가난한 백인의 초상 164
- 쪼그라드는 백인, 백인 소수 인종? 166

뭉치는 백인 서민층, 작용과 반작용의 정치학 168
- 상처받은 자존심, 밀려든 수치심 169

7장 성性의 경계선
선택인가, 운명인가

'화장실 법'에서 시작된 미국의 젠더 전쟁 174
- 기업의 정치적 논쟁 참여와 1792 익스체인지의 등장 177
- 성소수자 천국, 캘리포니아의 젠더 입법 역사 179
- 남자와 여자만 있다, 트럼프의 행정명령 185
- 성 정체성 논란, 생물학적 성性이냐, 사회적 성gender이냐 188
- 젠더 이데올로기와 전통적 가치의 충돌 190

'과유불급'과 MANA 197
- 상식의 혁명 199

에필로그 202
참고문헌 및 자료 205
감사의 글 207

1부
돈의 전쟁

'정의'의 이름으로 시장을 통제하다

ESG는 환경과 윤리를 기반으로 한 새로운 경제 언어다. 그러나 트럼프는 이를 '정치적 개입으로 인한 시장 왜곡'으로 바라본다. 그는 ESG가 경제 논리보다는 이념적 목적으로 운영되고 있으며, 선의의 명분 아래 자유시장과 기업 자율성을 제한할 가능성이 있다고 지적한다.
그의 시각에서 ESG는 '정의'의 이름으로 시장을 통제하려는 시도로 비친다. 따라서 트럼프는 경쟁과 효율을 중시하는 시장 중심의 자본주의로 돌아가야 한다고 강조한다.
1부에서는 그가 '기후, 에너지, 투자' 영역에서 ESG의 한계를 어떻게 비판하고 재정의하는지를 살펴본다.

1장

지구 온난화는 진실인가, 거대한 신화인가

트럼프에게 '기후 위기'는 과학이 아닌 정치의 문제다. 그는 이전에 '지구 온난화는 사기'라고 언급하며, 기후 변화를 인간의 영향보다 자연의 순환으로 보았다. 온실가스 규제는 산업 경쟁력을 약화시킬 수 있는 제약으로 받아들여진다. 그러나 그의 반 기후 정책은 단순한 부정이 아니다. 일부는 이를 국가 경쟁력과 주권을 지키려는 전략적 선택으로 본다. 결국 기후 논쟁의 본질은 과학적 진위의 문제가 아니라, 누가 세상의 규칙을 정하고 주도할 것인가에 관한 문제로 확장된다.

기후 변화 회의론과
트럼프의 시각

2025년 9월 23일, 도널드 트럼프 미국 대통령은 약 50분간 이어진 UN 총회 연설에서 기후 변화 문제를 언급했다. 그의 발언 요지는 다음과 같다.

> 기후 변화는 인류 역사상 가장 큰 거짓 중 하나이며, 과학이 아닌 정치적 목적에 따라 과장되어 왔습니다. UN과 일부 국가들이 제시한 예측은 현실과 일치하지 않았으며, '탄소 발자국'과 같은 개념은 산업 발전을 제약합니다. 만약 친환경이라는 명분이 진실을 왜곡한다면, 그 나라는 결국 경쟁력을 잃게 될 것입니다. *

- '트럼프의 UN 총회 연설 요약'은 《오호츠크 리포트》에 실린 요약문을 바탕으로 정리한 것이다.

트럼프 대통령이 '지구 온난화'에 회의적인 입장을 견지해 온 것은 널리 알려진 사실이다. 그는 기후 변화를 자연적 순환의 일부로 보고, 인류의 활동이 기후 변화를 주도한다는 주류 과학계의 견해에 동의하지 않는다. 대통령 후보 시절부터 그는 파리기후협약 탈퇴를 공언해 왔으며, 2025년 1월 취임 직후 실제로 탈퇴 행정명령에 서명했다. 해당 명령에서 그는 기후 위기론을 '기후 극단주의'로 규정하며 미국의 산업과 에너지 주권을 회복해야 한다고 강조했다.

현재도 기후 위기를 둘러싼 논의와 논쟁은 계속되고 있다. IPCC(기후 변화에 관한 정부 간 협의체)를 비롯한 다수의 과학자, 정부, 국제기구들은 인간 활동이 지구 온난화의 주요 원인이라고 본다.

반면, 트럼프 대통령을 비롯한 일부 정치인과 연구자들은 이

| 출처: https://buly.kr/5JNvZaX

| 출처: https://buly.kr/3YELTO3

러한 접근이 과도하게 정치화되었다고 비판하며, 이를 '녹색 사기Green Scam' 또는 '정치적 환경운동'으로 규정하기도 한다.

기후 위기론의 주장과 근거는 언론과 사회 전반을 통해 널리 알려져 있지만, 이에 상반되는 입장인 기후 위기 회의론의 논거에 대해서는 상대적으로 잘 알려져 있지 않다. 그렇다면 도널드 트럼프 미국 대통령은 어떤 이유로 '지구 온난화는 사기hoax'라고 주장하는 것일까? 그리고 그가 제시하는 과학적 혹은 정책적 근거는 무엇일까?

기후에도 사계절이 있다,
기후 춘하추동설

트럼프는 기후를 본질적으로 주기적인 자연 현상으로 본다. 기후에도 춘하추동春夏秋冬이 있다는 것이다. 지구의 온난화와 냉각은 자연스러운 순환 속에서 반복된다고 주장한다.

그는 과거 1920년대에는 지구가 냉각기를 겪었고, 지금은 상대적으로 온난한 시기에 있을 뿐이라고 설명한다. 트럼프는 여러 연설과 인터뷰에서 '기후는 자연적으로 순환하며 인간의 영향은 제한적'이라는 입장을 거듭 강조해 왔다. 이러한 관점은 2025년 9월 23일 UN 총회 연설에서도 드러났다.

> "예전에는 '지구 냉각'이 문제였습니다. 1920년대와 1930년대로 거슬러 올라가면, 사람들은 '지구 냉각이 세상을 파괴할 것이다. 무언가 조치를 취해야 한다'고 말했습니다. 그러다 어느 순간 '지구 온난화가 세상을 위협할 것'이라고 말하기 시작했지요. 그런데 기온이 다시 내려가자, 이번에는 '기후 변화'라는 용어를 사용하기 시작했습니다. 그렇게 부르면 틀릴 일이 없기 때문입니다. 기온이 오르든 내리든, 어떤 현상이 일어나든 모두 '기후 변화'라는 이름으로 설명할 수 있으니까요."

트럼프는 극심한 폭한이나 폭설이 닥칠 때마다 종종 기후위기론을 비판하거나 풍자하는 발언을 했다. 2019년 초, 미국 중서부 지역에 기록적인 한파가 찾아왔을 때도 마찬가지였다. 당시 기온은 영하 20도에서 30도까지 떨어졌고, 시카고 인근 오대호가 얼어붙을 정도였다. 그는 자신의 SNS에 이렇게 글을 남겼다.

"지구 온난화야, 대체 뭐 하는 거야? 빨리 돌아와. 우리는 네가 필요해!"

트럼프는 기후 과학이 정치적 영향을 받고 있다고 주장한다. 그는 일부 과학자들이 특정 이념적 성향에 영향을 받아 과학의 중립성을 잃었다고 보고 있으며, 특히 IPCC의 보고서를 정치적 해석이 개입된 자료로 간주해 신뢰하지 않는 입장을 보이고 있다.

그는 '100년 뒤의 날씨를 어떻게 예측할 수 있느냐'는 의문을 제기하며, 기후 예측 모델의 신뢰성 자체에 근본적인 의문을 던진다. 그의 이러한 인식은 2025년 9월 23일 UN 총회 연설을 통해서도 알 수 있다. 당시 그는 과거 UN 관계자들이 경고했던 지구적 재앙 예측들이 현실과 다르게 나타났다고 지적하며, 이를 근거로 '기후 위기론은 과학적 논의가 아니라 정치적 서사'라고 주장했다.

> "1982년, 유엔환경계획UNEP의 사무총장은 2000년까지 기후 변화가 전 지구적 재앙을 초래할 것이라고 예측했습니다. 그는 그것이 핵전쟁만큼이나 되돌릴 수 없는 파괴가 될 것이라고 말했습니다. 그러나 실제로는 어떠했습니까? 우리는 여전히 이렇게 살아 있습니다. 또 다른 유엔 관계자는 1989년에 '10년 안에 여러 국가가 지구 온난화로 지도에서 사라질 수 있다'고 경고했습니다. 그러나 그런 일은 일어나지 않았습니다."

지구 온난화의
경제적 이해관계

트럼프는 과거 트위터x를 통해 '기후 변화는 중국이 미국 제조업을 약화시키기 위해 만들어낸 사기'라고 언급한 바 있다. 또한 파리기후협정 탈퇴 결정에 대해서도 그는 '이 협약은 미국 노동자들에게 불공정하며, 중국과 인도 같은 개발도상국에만 이익이 돌아간다'고 주장했다.

그에게 기후 과학은 과학적 탐구의 문제가 아니라 미국의 경제적 자율성과 국익을 제약하는 정치적 압력으로 비춰진다. 따라서 그는 석유, 석탄, 천연가스 등 전통적 에너지 산업의 보호가 곧 미국의 경쟁력과 일자리를 지키는 일이라고 보고, 기후 변화 대응 정책보다 산업 성장과 에너지 안보를 우선시하는 입장을 유지해 왔다.

온실가스는
정말 오염 물질일까

트럼프의 저서 『협상의 기술The Art of the Deal』을 보면, 그는 법률 구조를 정확히 이해하고 이를 전략적으로 활용하는 인물임을 알 수 있다. 기후 정책에 대해서도 그는 유사한 접근을 취한다. 즉, 정책의 법적 근거를 검토함으로써 온실가스 규제의 정당성을 다시 살펴보려는 입장을 보인다.

미국의 주요 기후 정책(재생에너지 확대, 화석연료 사용 제한 등)은 '온실가스가 오염물질로 분류된다'는 전제를 기반으로 하고 있다. 그 핵심 법적 근거가 바로 오바마 행정부 시절인 2009년에 제정된 「위해성 판정Endangerment Finding」이다.

이 판정은 이산화탄소 등 온실가스가 기후 변화를 통해 인간의 건강과 안전에 해를 끼칠 수 있다'고 규정했으며, 이 결정을 바탕으로 차량 연비 기준, 발전소 배출 규제 등 미국의 주요 감축 정책들이 추진되어 왔다.

이 판정에 대해 '온실가스는 인간의 생명과 건강을 위협하는 오염원이 아니다'라고 주장하며, 미국환경보호청EPA을 통해 해당 판정의 철회를 추진하고 있다.

만일 온실가스가 오염물질로 간주되지 않는다면 이를 규제할 법적 근거와 명분, 그리고 당위성은 약화될 수 있다. 이는 결과적으로 온실가스 관련 미국 환경 규제 체계의 근간에 변화를 가져올 수 있는 움직임으로 평가된다.

한편 다수의 과학자, 환경단체, 그리고 법률가들은 이러한 접근이 기후 과학의 합의와 환경 보호의 원칙에 부합하지 않는다고 지적하며 반대 입장을 보이고 있다.

80%의 미국 보수가 믿지 않는 '기후 위기'

트럼프가 반 기후 정책을 강하게 추진할 수 있었던 배경에는 미국 보수층의 기후 변화 인식 차이가 자리하고 있다. 조사에 따르면, 유럽 보수층의 약 60~75%가 '기후 변화는 인류에 대한 실질적 위협'이라고 응답한 반면, 미국 보수층에서는 약 20%만이 이에 동의했다. 즉, 미국 보수층의 다수(약 80%)는 기후 변화가 심각한 위협이 아니라고 보는 경향이 있다.

이러한 여론은 트럼프가 기후 정책에 회의적인 입장을 정치적으로 뒷받침하는 기반이 되었다. 그는 기후 변화 대응보다는 에너지 산업 보호와 경제 성장을 우선시하며, 이러한 보수층의 정서를 토대로 파리기후협정 탈퇴 등 반 기후 정책을 적극 추진할 수 있었다.

다음의 그래프는 "기후 변화가 주요한 위협인가?"라는 질문에 대해 '그렇다'고 응답한 각국 보수층과 진보층의 비율을 비교한 것이다. 조사 결과, 영국의 경우 보수층의 약 60%, 진보층의 약 80%가 기후 변화를 주요한 위협으로 인식하고 있으며, 양 진영 간 인식 차이는 약 20% 수준으로 나타났다. 한국, 프랑스, 이탈리아, 스페인 등 다른 주요 국가들에서도 대체로 10~20% 수준의 격차를 보였다.

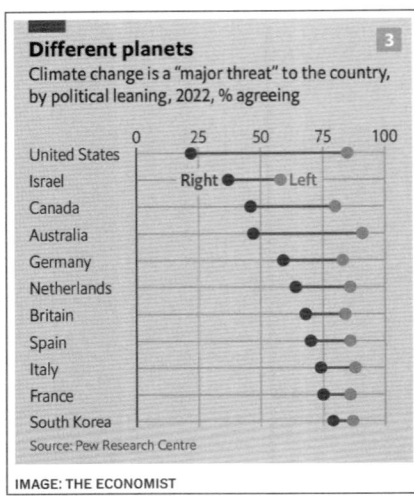

| 출처: The Economist, 2023 https://buly.kr/3u3rjAf

    그러나 미국의 경우 양상은 크게 다르다. 조사에 따르면, 보수층의 약 20%만이 기후 변화를 심각한 위협으로 인식하는 반면, 진보층은 약 80%가 그렇다고 응답했다. 이처럼 60% 포인트에 달하는 인식 격차는 다른 어떤 선진국보다도 크다.

    이러한 인식 차이로 인해 미국 내 상당수 시민들은 기후 공시Climate Disclosure나 탄소중립Net Zero 정책의 필요성에 대해 공감하지 않거나 회의적인 입장을 보인다. 결국 미국에서 기후 변화는 과학적·환경적 문제를 넘어 정치적 쟁점으로 전환된 셈이다.

경제학자 폴 크루그먼Paul Krugman 뉴욕시립대 교수는 이를 두고 "기후를 둘러싼 미국의 논쟁은 더 이상 합리적 토론이 어려운 수준의 '문화 전쟁Culture War'으로 악화되었다."라고 분석한 바 있다.

이단인가 합리성인가,
기후 회의론의 네 가지 반론

'기후 위기론'에 대해서는 이미 다양한 자료가 있으며, 앞서 출간한 『ESG 도전과 응전』 5장 「기후 변화 vs 기후 위기」에서 자세히 다루었다. 따라서 여기에서는 '기후 위기 회의론'이 제시하는 과학적 논거를 중심으로 살펴보고자 한다.

오늘날 '기후 위기'는 현대판 '아마겟돈Armageddon'으로 불릴 만큼 절박한 위기의식으로 묘사된다. 영화 〈오징어 게임〉의 대사처럼 "제발 그만해, 이러다가는 다 죽어!"라는 절체절명의 공포가 사회 전반에 스며 있다. 이러한 위기의식은 과학의 영역을 넘어 정치, 외교, 그리고 산업 전반에 영향을 미치는 세계적 담론으로 자리 잡았다.

그러나 이러한 전 지구적 담론에 동의하지 않는 과학자들도 존재한다. 이들은 흔히 '기후 위기 회의론자(이하 기후 회의론)'로 불린다. 그들의 목소리는 주류 언론과 학계에서 배제되기 쉽지만, 그 주장에는 단순한 부정이 아닌 논쟁의 여지가 있는 과학적 반론이 담겨 있다. 그들은 "이러다가는 다 죽어!"가 아니라, "이래도 안 죽어!"라고 외친다. 바로 이 대목에서 기후 위기 담론에 대한 근본적인 논쟁이 시작된다.

2023년 11월, 네덜란드 헤이그 항소법원에서는 밀리우데펜시 v. 쉘 기업 Milieudefensie v Royal Dutch Shell 사건이 열렸다. 이 소송은 기후 위기에 대한 민간 석유기업 쉘Shell의 법적 책임을 둘러싸고 전 세계적 논쟁의 중심에 선 사례다. 1심 법원은 쉘에게 온실가스 배출을 감축할 법적 의무가 있다고 판결했으며, 이는 전례 없는 '기업 탄소감축 명령'으로 평가받았다.

이에 항소심에서 미국의 저명한 세 명의 과학자 MIT 명예교수 리처드 린젠Richard Lindzen, 프린스턴대 물리학 명예교수 윌리엄 해퍼William Happer, 뉴욕대 교수이자 전 에너지부 차관 스티븐 쿠닌Steven Koonin이 공동의견서를 제출했다. 그들은 1심 판결의 근거가 된 과학적 논리를 정면으로 반박하며, 기후 위기 담론이 과학적 불확실성을 충분히 고려하지 않은 채 이념적으로 확대 해석되고 있다고 주장했다.

1심 법원은 '위험한 기후 변화는 화석연료 사용에 기인한다'고 판단했다. 그러나 항소심에 제출된 공동의견서는 이러한 법원의 판단이 과학적 검증 절차를 충분히 거치지 않았으며, 선택적이거나 조작된 데이터에 기반하고 있다고 비판했다.

이에 따라 다음에서는 해당 의견서에서 제기된 반론과 더불어 기후 회의론자들이 공통적으로 주장하는 과학적 논거를 중심으로 기후 위기를 둘러싼 네 가지 주요 쟁점을 살펴보고자 한다.*

기후 위기론의 주장 ①

이산화탄소가 증가하면 지구 온도도 상승하기에 이산화탄소가 지구 온난화의 주범이다.

→ 기후 회의론의 반론 ①

역사적 데이터에 따르면, 이산화탄소와 지구 온도는 오히려 반비례 관계에 있고, 기후 변화는 수 억년 동안 주기적으로 발생했다.

---

* 필자는 기본적으로 기후 위기론이 과학적 신빙성을 지니고 있다고 본다. 기후 위기 회의론에 대한 일부 반박 내용은 『ESG 도전과 응전』 제5장 「기후 변화 vs 기후 위기」 (72~80쪽) 참고.

기후 위기론의 핵심 전제는 대기 중 이산화탄소 농도가 상승하면 지구의 평균기온도 함께 상승한다는 것이다. 다시 말해 이산화탄소 농도와 지구 온도는 서로 비례 관계에 있다는 주장이다. 아래의 그래프는 이러한 주장을 뒷받침하기 위해 자주 인용되는 자료로 약 42만 년 동안의 데이터를 분석한 결과를 보여준다.

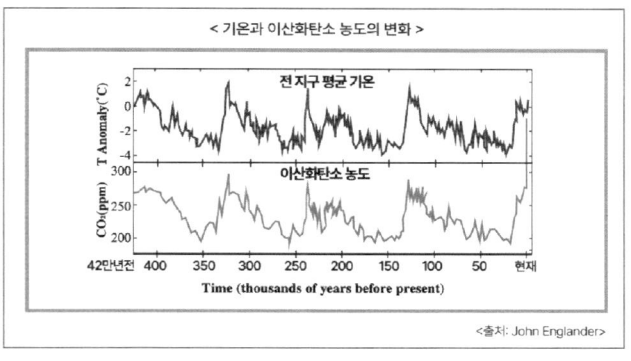

<출처: John Englander>

반면, 기후 회의론은 '이산화탄소 농도와 지구의 온도는 오히려 반비례 관계에 있다'고 주장한다. 다음의 6억 년 동안의 지질학적 자료에 따르면, 이산화탄소 농도가 높을수록 기온은 오히려 낮았고, 반대로 이산화탄소 농도가 낮을수록 기온은 높았던 시기가 존재한다. 예컨대, 이산화탄소 농도가 약 7,000ppm으로 역사상 최고 수준에 달했을 때 지구의 평균기

온은 오히려 가장 낮은 수준이었으며, 반대로 약 6천만 년 전 지구 기온이 가장 높았던 시기에는 이산화탄소 농도가 낮은 편이었다.

또한 지난 3억 년 동안 대기 중 이산화탄소 농도는 상대적으로 낮은 범위를 유지해 왔고, 약 1억 4,500만 년 동안에는 2,800ppm에서 현재의 420ppm까지 지속적으로 감소해 왔다. 주목할 점은 지난 6억 년 대부분의 시기 동안 지구의 평균기온이 오늘날보다 높았음에도 생명체가 오히려 번성했다는 것이다(단, 빙하기는 예외다).

이러한 자료는 '이산화탄소 농도가 증가하면 반드시 온난화가 일어난다'는 단순한 인과론이 성립하지 않음을 보여준다고 회의론자들은 주장한다.

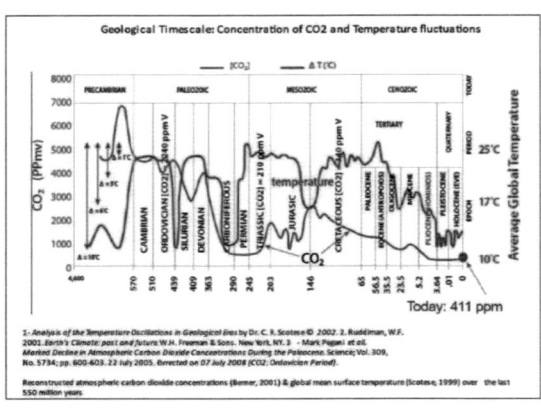

기후 회의론은 현재의 기후 변화가 인류 역사상 특별한 현상이 아니라고 본다. 지구는 수십만 년에 걸쳐 빙하기와 간빙기를 반복해 왔으며, 그 주된 원인은 태양 활동, 지구 궤도 변화, 해류 순환, 화산 활동 등 자연적 요인에 있다고 주장한다. 또한 기온과 이산화탄소의 단기적 상관관계보다는 지질학적 기록과 빙하 코어에 나타난 장기적 주기를 통해 기후를 이해해야 한다고 본다.

회의론의 관점에서 기후 변화를 인간의 책임으로만 해석하는 것은 역사적·물리적 맥락을 충분히 반영하지 못한 것이라고 본다. 또한 인류가 추진하는 이산화탄소 감축 정책이 자연의 순환에 대한 인위적 개입으로 작용할 수 있다는 점을 우려하는 시각도 존재한다.

이산화탄소와 관련해 기후 회의론이 제기하는 또 다른 주장이 있다. 대기 중 이산화탄소가 이미 '포화' 상태에 가까워져 있어 농도가 더 높아지더라도 온난화에 미치는 영향은 제한적일 수 있다는 것이다. 즉, 이산화탄소 농도가 증가할수록 온실가스로서의 효율이 점차 감소한다는 주장이다. 이러한 현상은 물리학적으로 '포화 효과'라고 불린다.

대기 중 이산화탄소 농도가 추가로 증가할수록 복사강제력 radiative forcing, 다시 말해 기온에 미치는 영향은 점차 약화되는 것으로 알려져 있다. 이러한 '포화 효과'의 개념은 아래 도표를 통해 시각적으로 제시된다.

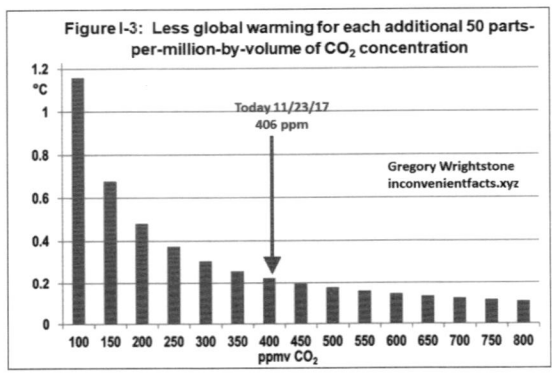

이 '포화' 개념은 과거 수억 년 동안 대기 중 이산화탄소 농도가 지금보다 10배, 심지어 20배 가까이 높았음에도 불구하고 왜 지구의 기온이 파국적 수준으로 치솟지 않았는지를 설명해 준다. 이는 앞서 제시한 6억 년간의 데이터 도표에서도 확인할 수 있다.

> **기후 위기론의 주장 ②**
>
> 탄소중립 하에 이산화탄소의 빠른 감축 없이는 인류는 파국을 맞이할 것이다.
>
> → 기후 회의론의 반론 ②

탄소중립하에 이산화탄소의 감축은 인류에게 대기근을 가져올 것이다.

기후 위기론에 따르면, 지구 온난화는 인류에게 돌이킬 수 없는 재앙이 될 것이라고 한다. 자기 파괴적 시스템이 작동해 악순환이 반복되면, 결국 인류 문명은 붕괴할 것이라는 주장이다. 그러나 이산화탄소는 생명 순환의 핵심 요소이기도 하다. 지구상의 거의 모든 식물은 이산화탄소를 흡수해 '광합성'을 통해 에너지를 만들어내며, 이 과정은 생태계의 기반이자 농축산물 생산의 전제 조건이다. 다시 말해 이산화탄소는 '광합성'의 핵심이자 식량 생산의 중추적 역할을 담당한다.

이와 관련해 기후 회의론은 이산화탄소가 '비료 효과fertilization effect'를 지닌다는 점을 강조한다. 다수의 과학 실험 결과에 따르면, 대기 중 이산화탄소 농도가 높을수록 식물의 생장이 촉진되는 경향이 관찰된다.

다음의 자료는 10년 동안 서로 다른 농도 385ppm, 535ppm, 685ppm, 835ppm의 환경에서 자란 식물의 생장 차이를 보여준다. (참고로 2023년 기준 대기 중 이산화탄소 농도는 약 420ppm이다.)

산업혁명 이후 대기 중 이산화탄소 농도는 약 120ppm 증가했으며, 이는 평균적으로 약 46%의 농작물 생산량 증가와 관련이 있는 것으로 보고된다. 과학적 분석에 따르면, 대기 중 이산화탄소 농도가 100ppm 상승할 때 식량 공급은 평균 15.3% 증가하는 것으로 추정된다. 따라서 현재의 약 420ppm이 800ppm 수준으로 높아진다면, 전 세계 식량 생산량이 약 60% 증가할 것이라는 주장도 제기된다.

특히 가뭄 지역에서는 이산화탄소가 작물의 수분 이용 효율을 높여 수확량을 증가시키는 것으로 알려져 있다. 이산화탄소 농도가 높아지면 식물의 잎에 형성되는 기공 stomatal pores의 수가 줄어들고, 기공이 이전보다 덜 열리게 된다. 이로 인해 기공을 통해 수분이 수증기 형태로 대기 중으로 방출되는 양이 감소하며, 결과적으로 동일하거나 더 많은 작물을 생산하는 데 필요한 물의 양이 줄어든다.

　기후 회의론은 탄소중립을 통한 이산화탄소 감축이 결국 식량 생산 감소로 이어질 가능성이 있으며, 장기적으로는 인류의 생존에 영향을 미칠 수 있다고 우려한다. 탄소중립 정책은 화석연료 사용 감축을 전체로 하지만, 화석연료는 질소 비료 생산에 필수적인 원료이기도 하다.

　현재 전 세계 인구의 절반 이상이 질소 비료로 재배된 식량에 의존하고 있다. 따라서 탄소중립으로 인해 질소 비료 생산이 축소되면, 식량 공급 또한 감소할 가능성이 있으며, 이는 곧 전 지구적 식량 부족 사태로 이어질 수 있다는 것이 회의론자들의 주장이다.

　기후 회의론은 스리랑카의 사례를 그 대표적 예로 든다. 2021년, 스리랑카 정부는 '친환경 유기농 국가'를 표방하며 화학비료와 살충제의 수입을 전면 금지하고, 전 국토에 유기농 재배만을 의무화했다. 그러나 결과는 참혹했다. 쌀 생산량이 50% 급감했고, 국내 쌀값은 80% 이상 폭등했으며, 국가는 경제 붕괴 직전의 혼란에 빠졌다.

　회의론자들은 이 사례를 '이념이 현실을 압도한 정책 실패'로 본다. 그들은 재생에너지 중심의 급격한 전환이 안정적인 전력 공급 체계의 붕괴, 에너지 빈곤의 확산, 산업 기반의 약화, 그리고 개발도상국의 경제적 어려움을 초래할 수 있다고 경고한다.

또한 이러한 현상은 결과적으로 UN 지속 가능 개발 목표(SDGs)가 내세운 '빈곤 퇴치', '기아 종식', '건강한 삶 보장' 등 핵심 목표를 오히려 저해하는 역설적 결과를 초래할 수 있다고 주장한다.

> **기후 위기론 주장 ③**
> IPCC 보고서는 전 세계 과학자들의 합의에 기반한 가장 신뢰할 수 있는 기후 과학 보고서다.
>
> → **기후 회의론의 반론 ③**
> IPCC 보고서는 (확증편향에 사로잡힌) 정치적 의견이지 과학이 아니다. 그리고 과학의 본질은 다수결이 아니라 검증이다.

기후 위기론의 핵심 근거는 IPCC 보고서다. IPCC는 전 세계 수천 명의 과학자가 참여하는 국제기구로 현재의 기후 변화가 인간 활동에 의해 초래되었다는 결론을 제시한다. 보고서에 따르면, 산업화 이전 대비 지구 평균기온 상승 폭을 2℃ 이내로 제한하지 못할 경우 인류가 돌이킬 수 없는 피해를 입을 것이라고 경고한다. 따라서 2050년까지 탄소중립을 달성해야 한다는 목표는 이러한 과학적 근거 위에서 비롯된 것이다.

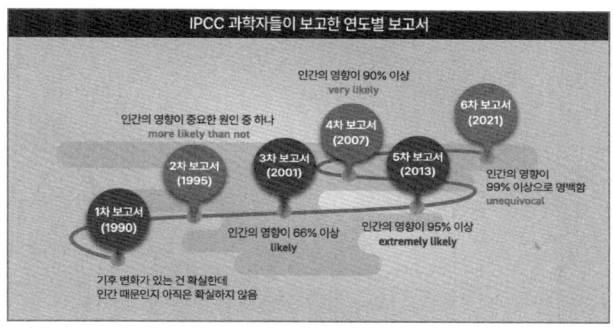

| 출처: 『ESG 도전과 응전』

기후 회의론은 IPCC와 주류 과학계가 합의라는 이름으로 이견을 배제하고 있다고 비판한다. 본래 과학은 검증과 반증, 그리고 불확실성을 전제로 한 열린 체계여야 하지만, IPCC 보고서는 이미 결론이 정해진 '답정너'식 구조라는 것이다. 다시 말해 '정답을 먼저 정해 두고 그에 맞는 자료를 찾아 맞추는 체계'로 변질되었다는 비판이다.

회의론자들은 '과학은 합의로 결정되지 않는다'고 주장한다. 과학의 본질은 실험과 관측을 통해 이론을 검증하고 반박하는 데 있으며, 다수의 동의가 진실을 보장하지 않는다는 것이다. 그러나 오늘날의 기후 과학은 확증편향에 따라 '합의된 결론'

을 미리 정해 두고, 그에 어긋나는 데이터를 부적절한 예외로 치부한다고 지적한다.

공동의견서 또한 IPCC는 과학 관련 기구가 아니라 정부 간 기구라고 비판한다. 예를 들어, IPCC의 핵심 문서인 「정책결정자를 위한 요약」은 과학자들이 아니라 각국 정부 대표들이 줄 단위로 승인·수정하는 정치적 산물이라는 것이다. 이 과정에서 과학자들이 신중히 작성한 보고서 초안의 문장이 정부의 이해관계에 따라 정반대로 바뀌는 일도 빈번히 발생한다고 회의론자들은 주장한다.

대표적인 사례로, 1995년 IPCC 보고서 초안에는 '인간의 영향이 명확히 입증된 바 없다There is no clear evidence of human influence'는 문장이 포함되어 있었다. 그러나 최종 보고서에서는 이 문장이 삭제되고, 대신 '인간의 영향이 뚜렷하다The balance of evidence suggests a discernible human influence'는 문구가 삽입되었다.

회의론자들은 이러한 편집 과정을 '과학적 검증이 아닌 정치적 타협의 산물'로 보고, IPCC 보고서가 객관적 과학 문서가 아니라 외교적 협상의 결과물에 가깝다고 비판한다. 특히 회의론자들의 핵심 논거 중 하나는 IPCC의 기후 예측 모델에 대한 불신이다.

그들은 현재 사용되는 대부분의 모델이 '최악의 시나리오'

를 중심으로 설계되었으며, 데이터의 선택·해석·통계적 가공 과정에서 정치적 의도가 개입되어 있다고 주장한다.

공동의견서에 따르면, IPCC가 사용하는 CMIP(기후모델 상호 비교 프로젝트) 모델군은 실측 데이터와 반복적으로 불일치한다고 한다.

예컨대, CMIP5 모델 102개 중 101개는 1979년부터 2016년 사이의 실제 대기온도보다 과도하게 높은 온도 상승을 예측했다. 회의론자들은 이러한 모델들이 과학적 검증을 충분히 거치지 않은 채 정책결정의 기초 자료로 사용되고 있으며, 그 신뢰성이 현저히 부족하다고 비판한다.

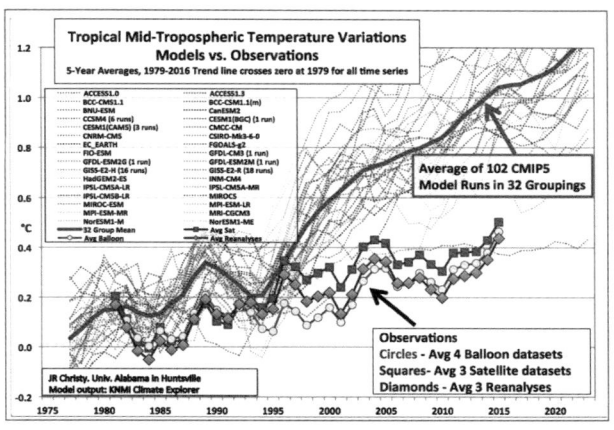

기후 위기론의 주장 ④

극한 기후(폭염, 홍수, 가뭄 등)는 이산화탄소 증가로 인한 기후 위기의 증거다.

→ **기후 회의론의 반론 ④**

이산화탄소 증가와 극한 기후 간의 인과관계를 확정할 수 없다.

기후 위기론은 대기 중 이산화탄소 농도의 증가가 폭염·폭우·허리케인 등 극한 기후 현상을 가속화시켰다고 주장한다. 이에 대해 기후 회의론은 이러한 주장이 관측 데이터에 근거하지 않는다고 반박한다.

미국 환경보호청과 미국항공우주국NASA의 장기 관측 자료에 따르면, 미국 내 폭염 발생 빈도는 1930년대 대공황 시기보다 오히려 낮은 수준이다. EPA가 공개한 다음의 그래프는 1890년부터 2020년까지의 열파지수heat wave index 변화를 나타내며, 지난 130년간의 기록을 종합적으로 비교한 결과, 최근의 폭염은 통계적으로 특별히 이례적인 현상이 아님을 보여준다.

또한 가장 높은 평균기온은 최근이 아니라 1930년대 미국 중서부에서 발생한 더스트 볼Dust Bowl 대규모 황진과 가뭄으로 상징되는 기후 재앙 시기에 기록된 것으로 나타난다. 회의론자들은 이 데이터를 근거로 '기후 위기'라는 표현이 과학적 사

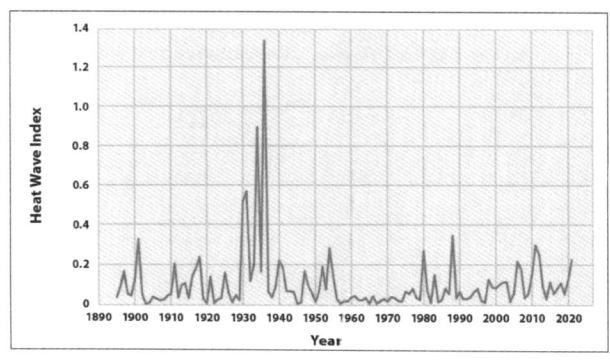

실보다 정치적 수사에 가깝다고 주장한다.

마찬가지로 다음의 차트는 앨라배마주립대학교 존 크리스티John Christy 박사가 작성한 자료로 1895년부터 2015년까지 미국 전역에서 일일 최고기온이 100°F(약 37.8℃)와 105°F(약 40.6℃)를 초과한 날의 수를 보여준다. 이 분석에 따르면, 105°F 이상을 기록한 날의 수는 1920~1930년대에 가장 많았으며, 이후에는 오히려 감소하는 추세를 보였다.

회의론자들은 이 데이터를 근거로 현재의 폭염이 '이례적 현상'이라기보다 기후의 자연적 변동 범주 안에 속한다고 주장한다.

기후 위기론은 이산화탄소의 증가가 허리케인 빈도와 강도, 해수면 상승, 가뭄 및 산불 피해의 증가로 이어진다고 주장한다. 그러나 기후 회의론은 이러한 주장이 실질적인 과학적 근

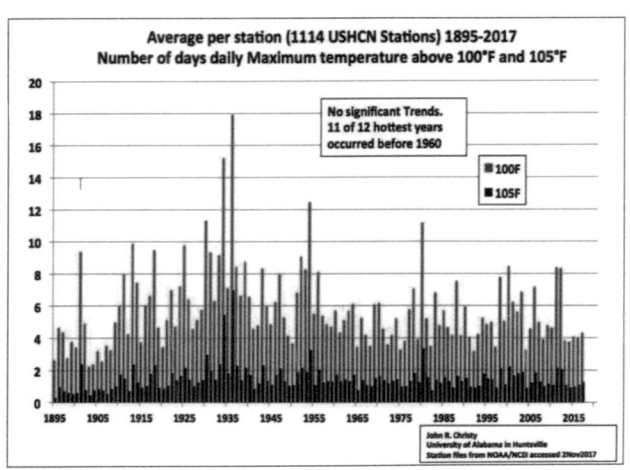

거에 기반하지 않는다고 반박한다.

공동의견서 역시 '극단적 기후는 언제나 존재해 왔으며, 이산화탄소의 증가와 통계적으로 유의미한 연관성이 입증된 바 없다'고 강조한다. 즉, 과학적으로 '이산화탄소 증가 → 극한 기후 증가'라는 인과관계를 확정할 수 없다는 것이다. 10월 28일, 빌 게이츠도 논란에 가세했다. 그는 「기후에 대한 세 가지 불편한 진실Three Tough Truths About Climate」이라는 제목의 글에서 '기후 위기 재앙론'에 대해 다른 입장을 밝혔다.

기후 회의론은 과학적이면서 동시에 정치적 논쟁의 중심에 서 있다. 주류 과학계는 이를 '근거 부족' 혹은 '정책적 방해'로 규정하지만, 회의론자들은 오히려 주류 과학이 왜곡된 서사로 대중을 이끌고 있다고 비판한다. 이 갈등은 단순한 학문적 견해 차이를 넘어 기후 정책의 정당성과 방향성을 둘러싼 정치적 전선으로 확장되고 있다.

오늘날의 기후 과학은 더 이상 단순한 사실의 문제가 아니라 권력과 제도, 그리고 경제 시스템이 얽힌 거대한 이해관계의 장이다. 결국 기후 위기 회의론의 핵심은 '과학이 어디까지 정치로부터 자유로울 수 있는가'라는 근본적인 질문을 던지는 데 있다.

영국의 마틴 더킨 감독과 미국의 톰 넬슨 감독이 공동 제작한 다큐멘터리 영화가 있다. 〈기후 영화: 냉정한 진실Climate the Movie: The Cold Truth〉은 다수의 과학자와 전문가들의 증언을 통해 이른바 '기후 위기'가 과학적 사실이라기보다 정치적 서사에 가깝다는 점을 주장한다.

이 영화 한 편만으로도 기후 위기 회의론의 핵심 논점을 집약적으로 이해할 수 있다. 유튜브에서는 한국어 자막이 포함된 버전도 시청할 수 있으니 관심 있는 독자는 다음의 QR코드를 참고하기 바란다.

2장

에너지 전쟁
'녹색'보다 '전기'가 세상을 지배한다

트럼프에게 재생에너지는 이상이 아닌 비용과 불안정의 문제이며, 화석연료는 죄가 아닌 자산이다. 그는 '싸고 안정적인 전기를 가진 나라가 미래를 지배한다'고 믿는다. 풍력은 비싸고 불안정하며, 태양광은 결국 중국 의존의 덫이 될 수 있다는 것이 그의 시각이다. 그에게 중요한 것은 '탄소중립'이 아니라 '경제적 현실과 에너지 주권'이다.

AI가 전기를 먹는 시대다. 전력의 공급은 곧 산업의 생존이다. 2장은 이념이 아닌 '전기의 패권'을 둘러싼 전쟁을 다룬다.

트럼프의 '에너지 해방', 무엇을 바꾸려는가

"우리는 겉만 번드르르한 '재생에너지'를 없애고 있습니다. 재생에너지는 조크joke, 즉 엉터리입니다. 작동도 잘 되지 않으며 너무 비쌉니다. 거대한 풍력 터빈은 한심할 정도로 비효율적이며, 운영비가 지나치게 높습니다. 늘 다시 세워야 하고, 곧 녹슬고 썩어갑니다. 역사상 가장 비싼 에너지입니다.

그 대부분은 중국에서 만들어지지만, 정작 중국에서는 풍력 발전 단지가 거의 없습니다. 왜일까요? 그들은 석탄을 씁니다. 가스를 씁니다. 가능한 모든 에너지를 씁니다."

- 2025년 9월 23일, 트럼프 UN 총회 연설 중에서

트럼프는 기후 위기 자체를 인정하지 않는다. 그는 기후 위

기가 실재하지 않는다고 확신하며, 따라서 '탄소 감축'의 필요성 역시 부정한다. 논리적으로 위기가 존재하지 않는다면, 이를 해결하기 위한 재생에너지 정책 또한 불필요하다는 입장이다.

2024년 8월 20일, 그는 자신의 소셜미디어 플랫폼인 트루스 소셜Truth Social에 다음과 같은 글을 게시했다.

> "풍력과 태양광 발전에 의존해 온 주州들이 전기요금 급등을 겪고 있다. 우리는 풍력이나 농민을 파괴하는 태양광을 더 이상 승인하지 않을 것이다."

이어 그는 '녹색 지원금은 낭비와 남용으로 가득하다'며 약 290억 달러 규모의 지원금을 취소했다고 밝혔다. 트럼프는 재생에너지를 '세기의 사기극'이라 비판했다.

그의 에너지 정책은 일관되게 '경제적 효율성'에 기반한다. 재생에너지가 충분히 저렴하다면 시장에서 스스로 경쟁력을 입증할 것이고, 그렇지 않다면 자연스럽게 도태되어야 한다는 입장이다. 또한 정부가 시장의 에너지 질서를 왜곡해서는 안 된다고 보며, 따라서 재생에너지 보조금은 폐지하고 화석연료 산업에 대한 불필요한 규제를 철폐해 '공정한 경쟁의 장'을 마련해야 한다고 주장한다.

이른바 '평평한 규제 운동장Level Regulatory Playing Field'을 구축하는 것이 그의 목표다.

트럼프는 「미국의 에너지 해방Unleashing American Energy」이라는 제목의 행정명령을 통해 이러한 입장을 구체화했다. 그는 전기차 의무화와 휘발유 차량 판매를 제한하는 배출가스 규제를 폐지함으로써 에너지 시장에 대한 정부의 과도한 개입을 철회하고 소비자에게 '진정한 선택권'을 돌려주겠다고 밝혔다.

트럼프는 특히 풍력 발전에 대해 강한 부정적 입장을 취하고 있다. 그는 풍력이 가장 비싼 에너지일 뿐 아니라 농장과 수로의 아름다움을 훼손한다고 비판한다.

또한 풍력 터빈의 대부분이 중국산이라는 점을 들어 풍력 산업이 결국 중국에만 이익을 주는 구조라고 지적한다. 실제로 지난 7월 30일, 트럼프 행정부는 약 350만 에이커(약 1만 4천㎢) 규모의 해상풍력 발전 구역WEA, Wind Energy Area 지정을 전면 무효화했다.*

- 2025년 9월 23일, 법원은 덴마크 풍력 발전 기업 오스테드(Ørsted)가 제기한 가처분 신청을 인용하여, 트럼프 대통령이 발행한 '공사 중지 명령'의 효력을 정지시켰다.

경제 패권과 에너지

트럼프의 에너지 전략은 단순한 비용 절감을 넘어 중국과의 패권 경쟁이라는 지정학적 전략과 맞닿아 있다. 지구본연구소 유튜브 채널(구독자 약 100만 명)을 운영하는 최준영 박사에 따르면, 미국의 지도자들은 중국과의 경쟁에서 승리할 열쇠를 AI(인공지능)에서 찾고 있다. 즉, 인건비와 제조 기반에서 중국을 앞서기 어렵기 때문에 AI를 통한 생산성 향상과 증대를 통해 미국의 경쟁력을 강화하려는 전략이라는 것이다.

트럼프는 이 점에 주목한다. AI의 기반은 세 가지 축, 소프트웨어SW, 하드웨어HW, 그리고 전력Energy으로 구성된다. 소프트웨어는 미국이 세계 최고 수준이며, 칩 생산은 미국과 대만

TSMC이 주도한다. 이제 남은 것은 세 번째 축, 즉 '전기'에서의 우위를 확보하는 일이다. 그가 말하는 '에너지 독립'은 단순한 산업 정책이 아니라, AI 삼위일체를 완성하기 위한 국가 전략의 일환이다.

AI는 엄청난 전력을 소비한다. 인간의 뇌가 몸무게의 2%에 불과하지만 전체 에너지의 21%를 사용하듯이 AI도 비슷한 구조를 가진다. 2023년 기준, AI 칩 가동으로 인한 전력 수요는 미국의 약 140만 가구가 사용하는 전력량에 해당하며, AI 칩은 기존 반도체보다 약 20~30% 더 많은 전기를 소모한다. AI 산업이 발전할수록 더 많은 칩이 필요하고, 칩의 성능이 높아질수록 전력 수요는 기하급수적으로 증가할 것이다.

2030년에는 AI가 전 세계 전력 수요의 약 10~16%를 차지할 것이라는 전망도 있다. 따라서 충분하고 안정적인 전력 공급은 AI 경쟁력의 핵심 인프라이자, 트럼프 에너지 전략의 중심축이라 할 수 있다.*

AI를 기반으로 한 미래 산업 경쟁에서 승리하기 위해서는 저렴하고 안정적인 전력 공급이 절대적으로 필요하다. 미국이

• 이와 같은 견해와 맥을 같이하는 2025년 11월 5일자 《한국경제》 칼럼, 〈AI 강국, 핵심 戰力은 電力이다〉 참조.

전력의 안정성과 가격 면에서 중국에 뒤처지지 않으려면, 생산비를 낮추고 공급을 강화하는 것이 필수적이다. 트럼프는 그 해법을 화석연료 기반의 풍부하고 저렴한 전기 생산에서 찾는다. 그의 에너지 철학은 한 문장으로 요약된다.

"싸고 안정적인 전기를 쥔 자가 미래를 지배한다."

역사적으로도 풍부하고 값싼 에너지를 확보한 국가가 산업 경쟁에서 승리해 왔다. 트럼프는 미국이 보유한 막대한 화석연료 자원을 '국가의 전략적 자산'으로 보고, 미국이 세계에서 가장 저렴하고 안정적인 전력 공급국이 되어야 한다고 주장한다.

또한 저렴하고 안정적이며 풍부한 전기에너지를 중국과의 패권 경쟁에서 승리하기 위한 핵심 동력으로 본다. 그는 풍부하고 저렴한 화석에너지를 적극적으로 개발·활용해야 중국과의 경쟁에서 우위를 점할 수 있다고 믿는다.

반면, 그는 재생에너지 지원은 오히려 중국의 이익을 확대시키는 결과를 낳는다고 비판한다. 태양광 산업은 이미 중국이 주도권을 확보했으며, 풍력 산업 역시 점차 중국 중심으로 재편되고 있다는 것이다.

이러한 전략적 사고는 트럼프의 대선 공약인 'Agenda 47'에도 고스란히 반영되어 있다. 그는 미국을 세계에서 가장 풍부하고 저렴한 에너지 공급국으로 만들겠다고 주장하며, 이를 통해 중국과의 AI 기반 생산성 전쟁에서 우위를 확보하겠다는 전략을 제시한다. 과거 미국이 디지털 패러다임 시프트를 통해 아날로그 중심의 일본을 앞질렀듯이 이번에는 에너지 패권을 통해 중국을 능가하겠다는 구상이다.

 트럼프는 유럽연합EU의 경제 쇠퇴를 반면교사로 삼는다. 그는 2000년대 초반까지만 해도 EU의 경제 규모가 미국을 앞섰지만, 지금은 오히려 미국이 50% 이상 앞서고 있다고 지적한다. 그는 그 원인을 EU의 무리한 재생에너지 전환 정책에 있다고 본다.

그에 따르면, 전기요금의 급등과 에너지 공급의 불안정은 제조업 경쟁력을 급격히 약화시켰고, 이는 결국 유럽 경제 전반의 침체로 이어졌다. 올해 9월 23일, 트럼프는 UN 총회 연설에서 유럽의 그린 에너지 정책을 다음과 같이 비판했다.

> "잔혹한 '그린 에너지' 정책의 1차적 효과는 환경을 보호하는 것이 아니었습니다. 그 대신 비합리적인 규칙을 따르는 선진국들의 제조업과 산업 활동이 규칙을 무시한 채 부를 축적하는 오염 국가들로 이전되었을 뿐입니다. 그들은 지금 떼돈을 벌고 있습니다. 현재 유럽의 전기요금은 중국보다 4~5배, 미국보다 2~3배나 높습니다."

EU와 달리 미국은 셰일 혁명 이후 안정적인 에너지 공급을 유지했고, 이는 경제 성장을 떠받치는 토대가 되었다. 트럼프는 이를 자신의 에너지 정책이 옳았다는 증거로 해석한다. 유럽이 이상을 좇았다면, 미국은 '실용'을 택한 셈이다.

이러한 맥락에서 볼 때, 트럼프의 기후 부정은 단순한 보수주의적 태도의 산물로만 볼 수 없다. 그는 기후 담론을 산업 전략과 패권 경쟁의 틀 안에서 해석하며, 그 속에서 AI·에너지·지정학을 유기적으로 결합한다. 산업가로서 쌓아온 경험과 현실 감각이 그의 정책 전반에 반영되어 있으며, 일부 평론가들은 '적어도 에너지 정책에 관한 한, 트럼프는 천재에 가깝다'고 평가한다.*

빅테크의 넷제로 딜레마

넷제로Net Zero를 약속한 빅테크 기업들이 AI의 폭발적 확산 앞에서 새로운 딜레마에 직면했다. 탄소중립을 선언하며 '전력

* 에너지 정책에 관한 한 트럼프는 천재입니다(법무법인 율촌 최준영 전문위원) -유튜브

사용의 100%를 재생에너지로 전환하겠다'고 약속했던 마이크로소프트, 구글, 아마존 등은 최근 생성형 AI의 급격한 성장으로 인해 상상을 초월하는 전력 수요에 직면하고 있다. 이로 인해 그들은 기존의 '친환경' 기조를 유지하면서도 현실적인 에너지 확보 방안을 모색해야 하는 복잡한 전략적 재조정의 단계에 들어섰다.

예를 들어, 마이크로소프트는 챗GPT를 자사 서비스에 통합한 이후 데이터센터의 전력 소비가 급격히 증가했다. 이에 대응하기 위해 위스콘신주에 천연가스 발전으로 운영되는 33억 달러 규모의 데이터센터 건설을 추진하고 있다. 메타 역시 루이지애나주에 천연가스 기반의 데이터센터 설립을 계획 중이며, 구글은 AI 기반 검색이 기존 키워드 검색보다 최대 10배 이상 많은 전력을 소비한다고 보고하면서 인공지능 서비스 확대가 자사의 온실가스 감축 목표와 충돌할 가능성에 직면했다.

실제로 한 연구에 따르면, 챗GPT와 같은 대형 언어 모델은 한 번의 질의응답에 소모되는 전력이 기존 웹 검색의 수십 배에 달한다. 이처럼 방대한 전력 소모가 전 세계적으로 수십억 건의 질의로 반복된다는 점을 감안하면, AI의 에너지 발자국은 단순한 기술 문제가 아니라 기후 전략의 핵심 변수로 부상하고 있다. 국제에너지기구IEA는 2030년까지 전 세계 데이터센터 운영에 사용되는 전력의 절반 이상이 여전히 화석연료에서 생산될 것이라고 전망했다.

이로써 넷제로를 선도적으로 선언했던 빅테크 기업들은 현재 'AI의 발전과 기후 약속 사이에서 전력 윤리를 어떻게 조율할 것인가'라는 새로운 윤리적이자 전략적인 과제에 직면해 있다. 그들의 탄소중립 선언은 이제 AI 시대의 현실 앞에서 실천 가능성과 진정성을 동시에 시험받고 있는 셈이다.

3장

착한 투자의 함정
ESG는 자본을 잠식하는 이념인가

트럼프는 ESG를 윤리로 포장된 정치 경제 운동으로 본다. 그에게 '착한 투자'는 효율을 떨어뜨리고 시장 자율을 제약하는 투자다. 기업의 목적은 '구원'이 아닌 '이윤'이라는 것이 그의 생각이다. 이념이 투자와 결합할 때 시장은 불투명해지고 자본은 길을 잃는다. 3장은 바로 '도덕의 이름으로 자본을 통제하는 시대'를 다룬다.

ESG의 뿌리와 '좋은 투자'의 유토피아

"ESG는 본질적으로 기업 문화를 잠식하는 마르크스주의적 행진과 같다. 마르크스주의의 궁극적 목적은 자본주의의 완전한 해체에 있다."
-2025년 9월 8일, 미 노동부 산하 근로자복지보장국 수석정책고문 저스틴 단호프, 경제협력개발기구 회의 발언 중에서

ESG와 투자가 무슨 관련이 있느냐고 묻는 사람이 있을지 모르지만, 사실 ESG는 처음부터 투자자들의 언어로 시작됐다.

2000년대 초, 코피 아난^{Kofi Annan} 당시 유엔 사무총장은 보다 나은 세상을 만들기 위해 글로벌 투자자들과 손잡고 'ESG 투자'를 제안했다. 투자 과정에서 E^{Environmental}(환

경), S^{Social}(사회), G^{Governance}(지배구조)라는 요소를 함께 고려해 '옳은 투자'를 하자는 취지였다. 이것이 ESG의 출발점이었다.

이후 2015년 파리협정을 계기로 '기후 위기'에 대한 전 세계적 공감대가 형성되면서 ESG의 'E^{Environmental}'는 자연스럽게 기후 담론과 결합했다. 이에 ESG는 '기후 위기를 막아야 한다'는 절박한 '당위성'이라는 날개를 달았다.*

이에 따라 ESG 투자의 정당성 역시 '기후 위기' 인식에 기반을 두게 되었다. 기후 위기를 막기 위해서는 탄소중립이 필수적이라는 공감대가 확산되면서 기업과 금융기관들까지 이 흐름에 적극 동참했다. 투자자들은 ESG 평가 지표를 참고해 자산을 배분하고, 기업들은 온실가스 감축 목표를 설정하며 탄소 배출이 많은 기업과의 거래를 줄이도록 압박받았다. ESG 투자자들은 이러한 행동이 인류를 위한 올바른 선택이라 믿으며 강한 도덕적 자부심을 느꼈다.

하지만 잊지 말아야 할 점이 있다. ESG 투자도 어디까지나 '투자'이지 사회공헌 활동이 아니다. 즉, 수익이 나야 한다는 의미다. 이러한 이유로 ESG 투자자들은 'ESG 투자는 더 높은 수익률로 이어진다'고 주장한다. ESG를 통해 미래의 잠재적

• 『ESG 도전과 응전』 제2장 〈세계화의 산물, ESG〉의 'ESG의 형성과 발전 과정' 참고.

리스크를 미리 줄일 수 있기 때문에 중장기적으로는 투자 포트폴리오의 가치를 높일 수 있다는 논리다. 다시 말해 '꿩(옳은 투자)'도 잡고 '알(더 높은 수익률)'도 얻는다는 것이다.•

• 『ESG 도전과 응전』의 제13장 〈자본·투자자의 ESG 다이내믹〉의 'ESG 투자의 쟁점' 부분 참고.

옳은 투자
vs 이윤의 자유

미국 보수 진영은 'ESG 투자는 꿩(옳은 투자)도 아니고 알(더 높은 수익률)도 아니다'라고 단언한다. 우선 '꿩'이라는 주장에 대해서는 "도대체 누구의 관점에서, 무엇이 옳은 투자인가?"라는 근본적인 의문을 제기한다. 그들은 투자란 본질적으로 수익을 목적으로 하는 경제적 활동이며, 도덕적 판단이 개입될 경우 시장의 효율성이 저해된다고 본다. 또한 ESG가 객관적 기준이 아니라 정치적 성향이나 사회적 유행에 따라 달라질 수 있다는 점에서 '옳음'의 기준이 모호하다고 지적한다.

'알' 측면에서도 'ESG 투자가 실제로 더 높은 수익률로 이어지지 않는다'라고 반박한다.

일부 연구에서는 ESG 펀드가 전통적 투자보다 오히려 낮은 성과를 보였으며, 평가 기준의 불일치로 인해 투자 판단의 일관성이 떨어진다는 점도 문제로 제기한다.

주주 이익이 우선이야?
vs 사회적 책임이 우선이야?

ESG 투자자들은 '기업의 목적은 단순히 이윤을 창출하는 데 그치지 않고, 사회적 책임을 다하는 데 있다'고 주장한다. 그들은 이러한 책임이 기업의 지속 가능성을 높이고, 장기적으로는 생존 가능성을 강화하는 핵심 요인이라고 본다.

이에 반해 반 ESG 진영의 주장은 간명하다.

그들은 "기업은 본연의 역할인 이윤 창출에 집중해야지, 사회를 구원하려는 역할까지 맡아서는 안 된다."라고 말한다.

오랫동안 미국 자본주의의 지배적 철학은 '주주자본주의'였다. 경제학자 밀턴 프리드먼Milton Friedman이 대표하는 이 관점은 '기업의 유일한 사회적 책임은 합법적인 범위 내에서 이윤을 창출하는 것'이라고 단언한다.

보수 진영의 시각에서 ESG 투자는 겉으로는 환경 보호와 사회 정의를 내세우지만, 실상은 '민주주의와 자본주의에 대한 가장 큰 위협'으로 여겨진다. 미국 보수파는 이를 '금융을 통한 사회주의적 개입'으로 규정하며, '시장의 자율성을 훼손하고 정부나 기관의 '통제'와 '통치'를 강화하는 수단으로 본다. 일부에서는 이러한 구조가 '중국 공산당식 통제 모델'과 유사하다고 지적하며, ESG가 자유시장 원칙을 잠식할 수 있다는 우려를 제기한다.

반 ESG 운동의 대표적 인물인 비벡 라마스와미Vivek Ramaswamy는 저서 『Woke, Inc.』에서 'ESG는 자유시장경제를 가장한 정치 운동'이라며, '주주자본주의의 탈을 쓴 채 특정 이념을 투자에 강요하는 사기'라고 비판했다.

결국 논쟁의 핵심은 '기업의 목적이 무엇인가'에 있다. ESG 투자자들은 기업의 사회적 역할을 강조하지만, 반대론자들은 기업의 존재 이유는 주주를 위한 수익 창출이지 ESG나 경영을 통해 사회를 구원하는 데 있지 않다고 본다.

ESG 투자는 정말 수익률이 높을까

ESG를 둘러싼 또 다른 핵심 쟁점은 'ESG 투자가 실제로 수익률을 높이는가' 하는 문제다. ESG 투자 지지자들은 이를 미래 리스크를 반영한 '현명한 투자'로 본다. 기후 변화, 노사 갈등, 기업 스캔들과 같은 비재무적 리스크를 사전에 인식하고 반영함으로써 투자 포트폴리오의 변동성을 줄이고, 장기적 안정성을 높여 결과적으로 비 ESG 투자보다 높은 수익률을 기대할 수 있다는 것이다.

반면, 반 ESG 진영은 ESG 투자가 오히려 수익률을 희생한다고 주장한다. 투자의 본질적 목적은 수익률 극대화인데, 여기에 외부적 가치나 도덕적 요인을 개입시키면 본래의 목적이 훼손된다는 것이다. 투자 수익률을 높이기도 어려운 상황에서 사회적 요인까지 고려한다면 오히려 성과가 악화될 수 있다는 논리다.

반 ESG 펀드를 운영하는 스트라이브 자산운용사의 매트 콜 Matt Cole CEO는 '투자 결정에 환경이나 사회적 제약 요인이 추가된다면, 이는 곧 수익률 하락이라는 비용을 치르는 일'이라고 지적했다.

특히 '알(더 높은 수익률)' 논란은 연기금을 중심으로 더욱 거세다. 국민연금, 교원연금, 군인연금 등은 서민의 노후 자금을 운용하는 기관이다. 이들에게 '옳은 투자'란 곧 '수익률이 높은 투자'일 것이다. 그러나 ESG 기준을 고려하느라 수익성이 떨어진다면, 이는 곧 서민들의 노후 자금을 줄이는 결과를 초래할 수 있다는 우려가 제기된다.

ESG 수익률 신화는 왜 무너졌는가

'ESG 투자와 재무적 성과' 사이의 상관관계를 부정하는 시각도 적지 않다. PRI의 시니어 펠로우인 웨인 와인가든^{Wayne Winegarden}은 'ESG 투자 성과가 실제로 ESG 요인 때문인지, 아니면 단순히 상승장에 따른 일반적인 시장 효과인지 구분하기 어렵다'고 지적한다.

예를 들어, 주요 IT 기업을 담은 기술 펀드와 ESG 지표가 우수한 기업들로 구성된 ESG 펀드가 있다고 하자. 두 펀드 모두 마이크로소프트, 엔비디아, 세일즈포스 등 같은 대형 IT 종목을 포함하고 있다면, 이들 기업의 주가가 상승할 때 두 펀드의 수익률이 나란히 높아지는 것은 당연한 일이다. 그렇다면 이는 ESG 전략이 성공해서인지, 아니면 단순히 IT 산업의 호황 덕분인지 판단하기 어렵다.

결국 '돈 많은 기업이 돈 많이 드는 ESG를 잘한다'는 역설이 성립한다. 마치 책도 많이 읽고 봉사활동도 열심히 한 학생의 국어 성적이 올랐을 때, 그것이 책 덕분인지 봉사활동 덕분인지 구분하기 어려운 것과 같다.•

2025년 2월자 《The Sunday Times》 보도에 따르면, 영국의 ESG 혹은 지속 가능성 펀드 21개 중 지난 5년간 시장 수익률을 상회한 곳은 단 한 곳뿐이었다. 평균적으로는 연평균 약 3.8% 낮은 성과를 기록해 투자자들이 수십억 파운드 규모의 손실을 본 것으로 나타났다.

또한 《Financial Times》의 2024년 7월 영상 기사에 따르면, ESG 투자의 부진한 성과와 그린워싱Greenwashing 스캔들, 그리고 미국 내 정치적 역풍으로 인해 주요 자산운용사들이 더 이상 ESG 투자를 적극적으로 홍보하지 않는 추세라고 전했다.

이어 2025년 3월 모건스탠리Morgan Stanley 보고서에 따르면, 2024년 하반기 기준 지속 가능 펀드의 중간 수익률은 0.4%로

• 『ESG 도전과 응전』 190쪽, '수익률과 투자에 관한 논의' 참고.

전통 펀드의 1.7%에 크게 못 미쳤다.

ESG와 음모론, 금융을 통한 통제 시스템

기관투자자들이 왜 'ESG 투자를 적극적으로 강조하는가'에 대해 이를 설명하는 흥미로운 학설이 있다. 기관투자자들은 지역과 자산 전반에 걸쳐 광범위한 분산투자를 수행하기 때문에 그들의 수익률은 개별 기업의 성과보다 전 세계 경제의 안정성과 성장 흐름에 더 큰 영향을 받는다.

따라서 시장과 사회 전반에 부정적 메가 트렌드가 확산되면, 이는 중장기적 경제 번영을 저해하고 전반적인 불안정성을 높이는 요인이 된다. 이런 위험을 사전에 완화하기 위해 기관투자자들은 '긍정의 힘'으로서의 ESG 투자를 강조한다는 것이다. 즉, ESG는 단순한 도덕적 구호가 아니라, 장기적 시장 안정성을 확보하기 위한 전략적 장치로 이해할 수 있다.

자본과 투자자들이 ESG를 적극적으로 옹호하는 이유를 보다 음모론적으로 해석하는 시각도 있다. 그 이면에는 정부의 환경 규제 도입을 늦추거나 강화하지 않으려는 고도의 계산이 숨어 있다는 것이다. 실제로 민간 영역에서는 자본, 기관투자자, NGO 등이 기업에 탄소중립 이행을 강하게 요구하고 있다.

이러한 압력과 분위기를 통해 '민간의 노력만으로도 탄소중립이 가능하다'는 낙관적인 여론이 형성될 수 있다. 그러나 이 낙관론은 역설적으로 정부가 보다 강력한 환경 규제를 추진해야 할 정치적 동기를 약화시킨다. 즉, 자본이 주도하는 '착한 이미지의 ESG 운동'이 오히려 국가 차원의 규제 강화 필요성을 희석시키는 결과를 낳는 것이다. 이는 과거 트럼프가 법인세율 인하를 추진했을 때, 오히려 일부 자본가들이 공개적으로 반대하며 자신들의 이해를 전략적으로 조정했던 사례를 떠올리게 한다.

뉴스 미디어와 투자 업계의 최대 화두로 떠올랐던 ESG이지만, 정작 "ESG가 무엇인가?"라고 물어보면 놀라울 정도로 그 정의가 모호하고 불명확하다는 사실을 깨닫게 된다. 이에 대해 'Valuation Doctor'로 불리는 가치평가 분야의 권위자, 뉴욕 대학교 재무학 교수 아스와스 다모다란Aswath Damodaran은 'ESG가 의도적으로 모호하게 유지되고 있다'고 지적한다.

그 이유는 명확하다. 아스와스 다모다란 교수에 따르면, 향후 ESG가 실패하거나 비판에 직면했을 때 'ESG가 잘못 정의되었거나 제대로 실행되지 않았다'는 식의 방어 논리로 활용할 수 있기 때문이다. 이는 마치 20세기 사회주의자들이 사회주의 실패를 두고 '사상이 잘못된 것이 아니라, 실행이 제대로 되지 않았을 뿐'이라고 주장했던 논리와 유사하다.

ESG 투자가 불법이라고?
반 ESG 투자법

고객의 자금을 맡아 운용하는 금융기관이나 자산운용사는 고객의 이익을 최우선으로 고려해야 할 의무가 있다. 이를 수탁자 책임fiduciary duty이라고 한다. 다소 거창하게 들릴 수 있지만 본질은 단순하다.

예를 들어, A 자산운용사가 고객이 맡긴 자금을 사업성도 없고 재무 상태가 부실한 자신의 가족 회사에 투자해 큰 손실을 냈다면, 이는 명백한 수탁자 책임 위반이다. 고객의 이익을 최우선으로 고려했다면, 애초에 그런 투자를 해서는 안 되었기 때문이다.

조금 다른 예를 들어보자. B 부동산 자산운용사가 고객의 자금을 운용하면서 높은 수익률이 기대되는 수도권 대신 지역

균형 발전을 명분으로 시골의 야산에 투자해 큰 손실을 냈다고 하자. 법적 판단은 차치하더라도 분노한 고객들이 가만히 있지는 않을 것이다.

ESG 투자를 둘러싼 논쟁도 이와 유사하다. ESG 목표를 우선시한다는 이유로 화석연료 산업처럼 수익성이 높은 분야(수도권)에 투자하지 않는다면, 이는 고객의 재정적 이익을 희생시켰다는 비판을 받을 수 있다. 결국 자산운용사의 수탁자 책임이 ESG와 충돌할 소지가 있다는 것이다.

이처럼 수탁자 책임은 근본적으로 수익률과 직결된다. 특히 서민들의 노후 자금을 관리하는 연기금의 경우, 그 수탁자 책임은 곧 '수익률이 높은 투자'를 추구해야 한다는 의미로 해석된다.•

이러한 배경 속에서 미국 공화당 강세 지역의 주정부들은 수탁자 책임을 근거로 연기금의 ESG 투자를 제한하고 있다. 플로리다, 텍사스, 웨스트버지니아, 루이지애나 등 여러 주정부는 주 연기금, 교육기금, 지방채 운용에서 ESG 요소를 고려하지 못하도록 법률을 제정하거나 행정명령을 발동했다. 대표적으로 플로리다는 2023년 제정된 HB 3 법안을 통해 주 연기

• 『ESG 도전과 응전』 194쪽 '국민연금과 수익률'에 관한 논의 참고.

금 운용 기준을 '오직 재무적 수익률'로 한정하고, ESG 요소의 반영을 명시적으로 금지했다.

  이러한 조치는 투자 의사결정 과정에서 '윤리'나 '환경' 같은 비재무적 이유로 수익성이 높은 산업을 배제하는 관행에 제동을 거는 것이다. 다시 말해 이상적인 ESG 목표보다는 재

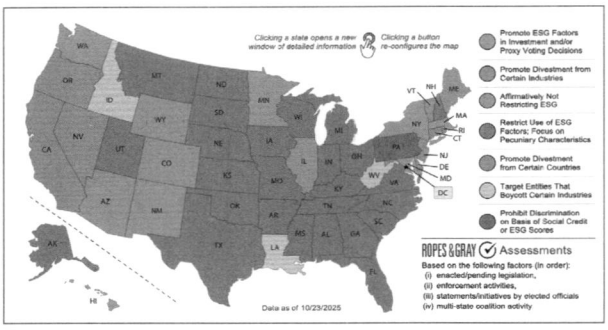

| 출처: Ropes & Gray 웹사이트
https://buly.kr/3YELlZv

무적 수익률, 즉 금전적 요인만을 우선적으로 고려하라는 의미다. 아이러니하게도 이른바 '반 ESG 투자법'의 핵심은 ESG 투자의 두 번째 축인 '알(더 높은 수익률)'을 정면으로 겨냥하고 있다.

주(州)	조치	법령/조치명
텍사스	ESG 기업 보이콧 금융사에 대한 거래 제한	Senate Bill 13(2021)
플로리다	연기금 운용 시 ESG 요소 금지	행정명령(2022), HB 3(2023)
웨스트버지니아	화석연료 보이콧 금융사 리스트 운용	Restricted Financial Institution List
켄터키, 루이지애나	ESG 금융사에 대한 투자 철회 명령	주지사 행정명령 또는 법령화

2021년부터 2024년까지 4년 동안 공화당 소속 주의원들은 미국 40개 주에서 총 392건의 반 ESG 투자 법안을 발의했다. 이어 2025년에는 18개 주에서 48건의 반 ESG 법안이 추가로 상정되었다. 이들 법안은 대체로 화석연료 산업을 보이콧하거나 보수적 사회 가치를 훼손하는 투자를 금지하는 내용을 담고 있다. 2025년 1월 말 기준으로 이 가운데 44건이 실제로 통과되었다.

일부 주정부는 화석연료 산업이나 채굴mining 기업을 보이콧하거나 부정적으로 평가하는 기관과의 거래 및 계약 자체를 금지하기도 한다. 또한 화석에너지 기업을 배제하는 금융회사들로부터는 투자금을 회수하고, 신규 투자를 중단하는 조치도 잇따랐다.

특히 텍사스주는 ESG 투자 리더로 꼽히는 블랙록BlackRock을 공공자금 운용 대상에서 제외했다. 2024년 3월 기준, 공화당 지지 성향의 이른바 '레드스테이트Red States'에 속한 주 연기금은 지난 2년간 블랙록으로부터 총 113억 달러(약 18조 원)의 자금을 회수한 것으로 집계된다.

이러한 규제 강화와 투자 압박의 여파 때문인지, 2023년과 2024년 연속으로 미국의 지속 가능 ESG 펀드에서 각각 134억 달러(약 19조 원), 201억 달러(약 29조 원) 규모의 순유출이 발생했다.

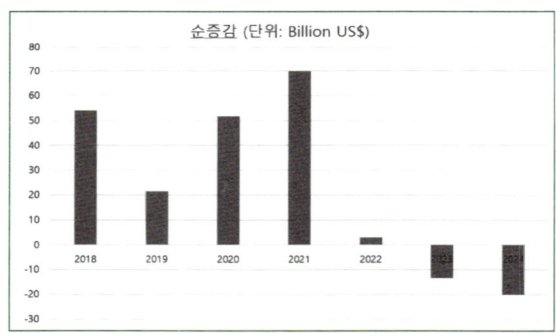

18	19	20	21	22	23	24
$54B	$21.4B	$51.8B	$69.8B	$3.0B	-$13.4B	-$20.1B

| 출처: Morningstar 2024, https://buly.kr/BTQRuKg

이처럼 ESG는 단순한 투자 전략의 차원을 넘어 자본주의의

철학과 방향성 자체에 근본적인 질문을 던진다.

"기업은 누구를 위해 존재하는가?, 투자자는 어떤 가치를 추구해야 하는가?"

ESG 투자를 둘러싼 논쟁은 바로 이 두 질문을 축으로 앞으로도 오랫동안 계속될 것이다.

De-banking(계좌 서비스 차단) 논란

트럼프는 2025년 8월 5일 CNBC와의 인터뷰에서 '은행들이 보수 성향 인사들에게 차별적인 조치를 취하고 있다'고 주장했다. 그는 2021년 초(2020년 11월 조 바이든과의 대선 패배 직후), JP모건체이스JPMorgan Chase로부터 수억 달러가 예치된 자신의 은행 계좌를 폐쇄하겠다는 통보를 받았다고 밝혔다.

이후 약 10억 달러를 예치할 새 계좌를 개설하기 위해 뱅크오브아메리카Bank of America에 문의했지만, 계좌 개설이 거부되었다고 말했다. 곧이어 2025년 8월 7일, 트럼프는 '모든 미국인에게 공정한 은행 서비스 보장Guaranteeing Fair Banking for All Americans'이라는 제목의 행정명령에 서명했다. 이 명령은 '평판 리스크'를 이유로 정치적·종교적 신념 등을 근거로 고객의 서비스를 거부하거나 계좌를 폐쇄하지 못하도록 규정하고 있다.

즉, 은행의 '정치적 판단'에 제동을 건 것이다. 이를 위반할 경우, 해당 금융기관은 '신용기회균등법, 반독점법, 소비자금융보호법' 위반으로 간주되어 금융당국의 제재를 받을 수 있다.

반격에 부딪힌
ESG 투자 정책

기존의 ESG 소송은 주로 기후 관련 소송이 중심이었다. 정부나 기업의 온실가스 감축 책임을 요구하고, 환경권과 미래 세대의 생존권을 보호하기 위한 수단으로 제기된 것이다.

그러나 물결처럼 확산되던 이러한 기후 소송의 흐름에 맞서 최근에는 법적 반격이 뚜렷하게 나타나고 있다. ESG의 정책과 실행 방식, 그리고 그 사회적 파급 효과의 정당성을 다시 묻는 목소리가 법정으로 옮겨가고 있는 것이다.

2023년 한 해 동안에만 최소 230건의 신규 ESG 소송이 제기되었으며, 이 중 약 50건은 기존 흐름에 역행하는 '반격 소송'으로 분류된다. 녹색전환연구소의 지현영 변호사에 따르면, 기존의 ESG 소송이 기후 목표 달성을 목적으로 한 것이었다면, 반격 소송은 이에 대한 반작용으로 기후 행동 자체나 그 실행 방식의 정당성에 이의를 제기하는 성격을 띤다. 이러한 소송은 대체로 기후 정책이 지나치게 급진적이거나 편향적이며, 때로는 특정 집단에 불합리한 희생을 강요한다는 주장을 담고 있다.

이러한 반격은 크게 세 가지 유형으로 나뉜다.

첫 번째 유형은 ESG 투자를 겨냥한 투자자 책임 소송이다. ESG 요소를 고려한 투자 결정이 이제는 법적 책임의 대상이 되고 있는 것이다.

대표적인 사례가 스펜스 v. 아메리칸 항공Spence v. American Airlines Inc. 소송이다. 이 사건에서는 항공사가 ESG 목표에 따라 퇴직연금 자산을 운용한 결과 오히려 재무적 수익률이 훼손되었으며, 이는 ERISA(직원퇴직소득보장법)에서 규정한 신탁의무를 위반했다는 주장이 제기되었다.*

'웡 v. 뉴욕시 공무원 퇴직연금 시스템Wong v. New York City Employees' Retirement System' 사건은 사건은 퇴직연금 기관이 화석연료 채굴 관련 기업에 대한 투자를 배제한 것이 신탁의무 위반에 해당한다는 이유로 뉴욕시 공무원들이 제기한 소송이다. 이 사례는 ESG 투자가 단순히 '선한 목적'만으로 정당화될 수 없으며, 이해관계자 간의 이익 충돌이 법적 판단의 대상이 될 수 있음을 보여준다.

두 번째 유형은 SLAPPStrategic Lawsuit Against Public Participation(전략적 봉쇄 소송)이다. 이는 NGO, 언론, 주주 활동가 등 시민사

- 미국법상 수탁자 책임fiduciary duty은 두 가지 의무로 구성된다. 하나는 주의의무duty of care, 다른 하나는 충실의무duty of loyalty이다. 2025년 1월 1심 법원은 아메리칸항공 American Airlines이 주의의무는 위반하지 않았으나, 충실의무를 위반했다고 판시했다.

회단체를 침묵시키기 위해 주로 대기업이 제기하는 소송 형태다. 이러한 소송의 목적은 승소가 아니다. 오히려 법적 위협과 재정적 부담을 가중시켜 비판의 목소리를 위축시키는 것이 핵심 의도다.

최근 대표적인 사례로는 '에너지 트랜스퍼 v. 그린피스 Energy Transfer v. Greenpeace' 사건이 있다. 원고인 에너지 기업은 자사 파이프라인 건설에 반대 운동을 펼친 그린피스를 상대로 거액의 손해배상 소송을 제기했다. 2025년 3월, 배심원단은 그린피스가 원고 측에 6억 6천만 달러의 손해배상금을 지급하라고 평결했으며, 그린피스는 현재 파산 위기까지 거론되는 상황이다.

이처럼 SLAPP 소송은 시민사회단체의 활동을 위축시키고, 공적 담론 공간에서의 비판과 감시 기능을 약화시키는 부정적 효과를 초래한다.

세 번째 유형은 공정한 전환을 요구하는 소송이다. 이는 기후 정책의 필요성 자체는 인정하면서도, 그 실행 과정에서 사회적 약자에게 불균형한 피해가 발생할 경우 이를 법적으로 시정해야 한다는 주장에 근거한다.

대표적인 사례로 프랑스의 '노란 조끼 Gilets Jaunes' 운동이 있다. 이 운동은 탄소세 인상이 농촌 지역과 저소득 운전자들의 생계에 직접적인 타격을 준다는 문제의식에서 촉발되었다.

최근에는 재생에너지 전환과 관련된 소송도 늘고 있다. 태양광이나 풍력 같은 청정에너지로의 전환에는 구리, 니켈, 코발트, 희토류 등 막대한 양의 광물이 필요하다. 그러나 이러한 광물의 채굴과 정제 과정에서는 대량의 물자원이 소비되고, 심각한 환경 오염이 발생한다. 그 피해는 결국 채굴지 인근의 가난한 지역 주민들에게 전가된다.

이에 따라 중남미 여러 지역에서는 재생에너지 전환이 새로운 불평등과 생존권 침해를 초래한다는 문제를 제기하며, 지역 주민들이 소송을 제기하는 사례가 잇따르고 있다.

ESG는 담합인가,
공정거래법과의 충돌

어느 날 ○○시장 상인들이 모임을 열었다. '국민의 건강을 위해 앞으로는 유기농 농산물만 구매하자'는 합의를 한 것이다. 즉, 농약을 사용한 농산물은 사지 않겠다는 결정이었다. 이 소식은 농약을 사용하는 농부들에게는 청천벽력처럼 들렸지만, 유기농 농부들에게는 반가운 소식이었다.

물론 이는 실제 사례가 아니라 ESG 투자 구조를 설명하기 위한 가상의 예시이다. 경쟁자인 상인들이 '국민 건강'이라는 고귀한 명분을 내세워 특정 상품을 배제하기로 합의했다면, 이는 '공동 사업자들이 합의를 통해 경쟁을 부당하게 제한하는' 전형적인 담합의 모습이 될 수 있다.

공화당을 지지하는 여러 주 법무장관들은 이러한 행태가

ESG에서도 재현되고 있다고 주장한다. 동일한 산업 내 경쟁 관계에 있는 투자자들이 '탄소중립 연합체Net-Zero Alliance'라는 이름으로 모여 재생에너지 산업(유기농 농산물)에는 투자하고, 탄소 배출이 많은 화석연료 산업(농약 사용 농산물)은 배제하기로 합의했다는 것이다. 이러한 ESG 투자자들 간의 합의 구조는 특정 품목의 거래 방식이나 가격 형성에 있어 상인들이 공동으로 조율하는 ◯◯시장 사례와 유사한 측면이 있다.

넷제로 연합체들은 공동의 탄소 감축 목표를 설정하고, 고탄소 산업에 대해 집단적 투자 철회 압력을 행사하는 방식으로 활동하고 있다. 수백 개의 기관투자자가 참여해 특정 산업을 배제하거나 공통의 ESG 기준을 채택하는 것이 특징이다.

대표적인 사례로 NZBA Net Zero Banking Alliance(탄소중립 은행연합)가 있다. NZBA는 2050년까지 탄소중립 달성을 목표로 하는 글로벌 은행 간 리더십 연합체로 2021년 4월 유엔의 주도로 출범했다. 이들은 탈탄소 기술을 보유하거나 개발하는 기업에 대한 금융 지원을 확대하는 등, 이른바 '기후 금융'을 촉진하는 역할을 하고 있다. 또한 Climate Action 100+, Net Zero Asset Managers Initiative(이하 NZAM) 등도 같은 맥락의 대표적 탄소중립 투자 네트워크다.

한편, 공화당 소속 주의 법무장관들은 이러한 연합체의 활동이 단순한 정보 공유나 자율적 지침의 차원을 넘어 시장과 경쟁을 실질적으로 제한하는 결과를 초래한다고 비판한다. 즉, ESG 연합체의 합의가 높은 대출 금리나 투자 축소 등으로 이어지며 시장 효율성과 경쟁의 자유를 훼손한다는 주장이다. 특히 석탄 산업이 주요 경제 기반인 주들의 입장에서는 ESG 투자가 그들의 핵심 에너지 산업과 지역 경제를 약화시키는 행위로 인식되고 있다.

기후 카르텔 & 에너지 카르텔

2024년 11월 말, 텍사스주를 비롯한 10여 개 주의 법무장관들은 세계 3대 자산운용사인 블랙록, 스테이트 스트리트, 뱅가드 그룹을 상대로 이른바 '에너지 카르텔' 소송을 제기했다.

소송의 핵심 주장은 이들 자산운용사들이 석탄 기업에 투자하면서 석탄 생산을 인위적으로 축소하고 에너지 가격 상승을 유도해 반독점법을 위반했다는 것이다. 세 운용사는 기후 대응 연합체인 Climate Action 100+와 NZAM을 통해 석탄 생산 감축 목표를 공동으로 발표했으며, 이러한 조치가 결과적으로 미국 전역의 전기요금 상승으로 이어졌다는 비판을 받았다.

흥미로운 점은 피고로 지목된 이들 자산운용사가 투자한 석탄 기업들의 이익률이 오히려 급등했다는 사실이다. 2019년에 비해 2022년에는 평균 200~300% 이상 증가했으며, 일부 기업의 경우 800%를 넘는 폭발적인 이익률 상승을 기록했다.

즉, 명분은 '기후 대응'이었지만, 결과적으로는 에너지 가격 상승, 그리고 특정 기업의 초과이익이라는 역설적 결과를 초래했다고 주장할 여지가 생긴 것이다.

전선은 더욱 확대되어 트럼프 연방 정부 역시 이 소송전에 가세했다. 2025년 5월 22일, 연방거래위원회FTC와 법무부DOJ는 텍사스 주가 제기한 소송을 지원하기 위해 이해관계자 진술서를 법원에 제출했다.

이후 진행된 절차에서 같은 해 8월 1일 연방 1심 법원은 피고 측인 3대 자산운용사가 제출한 소각하 요청을 기각했다. 이에 따라 본격적인 공판 절차가 개시되며, ESG를 둘러싼 자본시장과 연방 정부 간의 대립 구도가 한층 뚜렷해졌다.

공세는 CDP(탄소 정보 공개 프로젝트)와 SBTi(과학 기반 감축 목표 이니셔티브) 등 주요 탄소중립 이니셔티브로도 확산되고 있다.

2025년 7월 28일, 플로리다주 법무부 장관은 CDP와 SBTi를 '기후 카르텔'이라 지칭하며, 두 기관에 대해 소비자보호법 및 독점금지법 위반 혐의 조사 계획을 발표했다. 그는 CDP와 SBTi가 환경 투명성을 명분으로 기업들로부터 독점적인 데이터를 수집하고, 그 접근에 비용을 부과해 왔다고 주장했다.

또한 플로리다주 법무부는 이들 기관의 사업 관행이 '돈으로 특혜를 사는 부당한 유착' 구조를 띠고 있다고 비판하며, ESG 산업 전반의 투명성과 공정성에 대한 조사를 확대할 방침임을 시사했다.•

대형 은행의 탄소중립 탈퇴 러시, 자본의 균열

트럼프 대통령 2기 당선 이전까지는 공정거래법 관련 리스크가 주 차원의 공정거래법 적용에 한정되어 있었다. 그러나 트럼프 당선 이후에는 그 강도와 범위에서 차원이 다른 연방

• 2025년 11월 13일 《Financial Times》에 따르면, 미 연방거래위원회(FTC)의 의결권 자문사인 인스티튜셔널 셰어홀더 서비스 ISS와 글래스 루이스 Glass Lewis 에 대해서 조사하고 있다고 보도했다.

공정거래법 적용으로 확대될 것으로 전망된다. 연방 공정거래법 위반은 기업에 수조 원대의 과징금 부과와 집단민사소송으로 이어질 수 있는 막대한 리스크를 안긴다.

이러한 환경 변화 속에서 트럼프 대통령 2기 취임을 앞두고 모건스탠리, 씨티그룹, 뱅크오브아메리카, 웰스파고, 골드만삭스, JP모건 등 미국 주요 6대 은행은 모두 NZBA(탄소중립 은행연합)에서 탈퇴했다. 합리적인 경영 판단으로 보자면, 일단 소나기를 피하는 것이 최선의 선택이었을 것이다.•

그럼에도 2025년 1월 23일 미국 11개 주의 법무부 장관들은 주요 금융기관들에 서한을 보내 여전히 기후 정책을 고수하고 있는 점을 비판했다. 서한에는 다음과 같은 내용이 담겨 있었다.

"여러분 중 일부는 탄소중립 의제에 대한 지속적이고 독립적인 의지를 여전히 공개적으로 표명하고 있습니다. 이러한 행위는 귀사의 탈퇴가 단지 '보여주기식 optics-only effort'에 불과한 것이 아닌가 하는 심각한 우려를 불러일으킵니다."

즉, 명목상의 탈퇴에도 불구하고 실제로는 기후 의제를 계

• 이 같은 탈퇴 흐름은 전 세계로 확산되고 있다. 호주의 대표 투자은행 맥쿼리 Macquarie 2월, HSBC 7월, 그리고 바클레이스 Barclays가 8월에 각각 탈퇴를 발표했다.

속 추진하는 이중적 행태에 대한 경고로 해석된다.

ESG 투자에 대한 뼈 때리는 비판으로 회자된 칼럼을 소개한다. 앞서 언급한 바와 같이 이는 기업가치평가 분야의 세계적 권위자인 뉴욕대학교 재무학 교수 아스와스 다모다란Aswath Damodaran이 《파이낸셜 타임즈Financial Times》에 기고한 글이다.

칼럼의 제목은 〈구제불능의 ESG: 명복을 빕니다ESG is beyond redemption: may it RIP〉로 지난 20여 년간 ESG의 탄생, 성장, 그리고 변질 과정을 통찰력 있게 분석하고 있다.

> "신성하게 태어났으나 위선으로 자라나고, 궤변으로 홍보된 ESG 투자. 10년 동안 별문제 없이 성장했지만, 지금은 산더미 같은 문제에 직면해 있으며, 그 대부분은 스스로가 자초한 것이다."
>
> - 아스와스 다모다란, 《파이낸셜 타임즈》 기고문 중에서

2부
가치의 전쟁

상식과 이념이 충돌하는 사회

트럼프의 반 ESG 움직임은 단순한 경제 논쟁을 넘어선다. 이는 언어, 문화, 젠더, 인종 등 사회 전반에서 '정상normal'이라는 개념을 둘러싼 가치의 충돌을 보여준다.

2부에서는 ESG가 '사회적 도덕'의 이름으로 확장되는 과정에서 나타난 가치의 혼선을 살펴본다. 그 혼선의 중심에는 '정치화된 선의'가 만들어 낸 새로운 사회적 긴장이 자리하고 있다.

4장

말의 전쟁
'정치적 올바름'은
새로운 금기다

트럼프가 맞서는 대상은 사람이라기보다 '언어'다. 그는 '메리 크리스마스'조차 금기시되는 사회를 비정상적인 현상으로 바라본다. PC(정치적 올바름)는 언어를 통제하고, 언어는 다시 사고를 제약한다고 믿는다. 그는 '워크Woke' 담론이 형성한 도덕적 우월감과 위선을 비판하며, 상식과 표현의 자유 회복을 강조한다.

이 논쟁은 단순한 진영 대립을 넘어, 언어가 사회적 권력 구조와 어떻게 맞물려 작동하는지를 보여준다. 문화 전쟁의 본질은 결국 '말을 지배하는 자가 사고를 지배한다'는 명제에서 출발한다.

PC(정치적 올바름)·DEI(다양성·형평성·포용성)와의 전쟁

> 트럼프는 '문화 전쟁'을 실제 정책과 행정명령을 통해 구현하는 중이다. 그는 이를 '상식의 혁명'으로 명명하며, 진보적 가치와 정책에 대한 전면적인 반대를 선언했다. 이는 미국 사회의 가치와 제도를 근본적으로 재편하려는 시도로 평가되고 있다. 미국을 이해하려면 트럼프의 문화 전쟁이 가지는 의미를 직시해야 한다.
>
> -출처: 《이코노미조선》, 〈트럼프의 문화 전쟁을 이해해야 미국이 보인다〉, 윤덕룡 경기도일자리재단 대표이사.

전 세계 ESG 흐름을 다룬 『ESG 도전과 응전』은 E(환경)의 비중이 컸다. 반면, 미국의 ESG를 분석한 이 책은 S(사회)에 더 많은 지면을 할애한다.

그 이유는 미국 내 ESG 갈등의 관점에서 볼 때, 'E' 논쟁의 핵심이 비교적 단순하게 '기후 위기의 존재를 신뢰하느냐'로 수렴되는 반면, 'S'는 긴 역사 속에서 서로 얽히고설킨 갈등이 축적되어 왔기 때문이다.

집필 초기에는 'S'에 해당하는 문화 영역이 간단할 것이라 예상했지만, 미국의 문화 갈등을 이해하려면 역사적 배경과 갈등 구조, 그리고 최근의 쟁점을 심층적으로 검토해야 한다는 점을 깨달았다. 무엇보다 이러한 갈등은 최근 들어 더욱 복잡하고 민감한 사안으로 부상했다. 이제 미국에서 S(사회)가 어떻게 꼬여왔는지 차근차근 살펴보려 한다.

트럼프는 ESG에 반대한다. 앞서 살펴보았듯이 그가 E(환경)를 비판하는 핵심 이유는 '기후 위기는 존재하지 않는다'는 신념 때문이다. 그렇다면 그는 왜 'S(사회)'를 문제 삼는 것일까?

엄밀히 말해 트럼프는 'S(사회)' 자체를 부정하지 않는다. 그가 비판하는 것은 'S(사회)'가 추구하는 '보편적 인권'이 아니라 'PC'와 'DEI'로 대표되는 과도한 이념화다.

트럼프는 이를 단순한 의견 차이가 아닌, 사회를 왜곡시키는 구조적 문제로 본다. 그래서 그는 마치 '범죄와의 전쟁'을 선포하듯이 'PC·DEI와의 전쟁'을 선언했다. 그의 목적은 S(사회)의 가치를 부정하는 것이 아니라 그 이면에 자리한 '정치화된 선의'의 폐해를 바로잡겠다는 것이다.

미국에서도 보수와 진보는 각종 사회 문제를 두고 이념적으로 첨예하게 대립하고 있다. 진보 진영은 사회의 분열을 보수의 인종주의와 편견 탓으로 돌리는 반면, 보수 진영은 좌파의 정체성 정치와 '정치적 올바름'이 미국을 갈라놓았다고 비판한다.

에이미 추아Amy Chua의 저서 『정치적 부족주의Political Tribes: Group Instinct and the Fate of Nations』는 이러한 미국의 좌우 갈등을 이라크의 수니파와 시아파, 아프가니스탄의 파슈툰족과 타지크족 간의 분쟁에 비견할 만큼 심각하다고 진단한다. 그만큼 미국 사회의 분열은 단순한 정치적 대립을 넘어 사실상 '문화 전쟁'의 단계에 접어들었다고 할 수 있다.•

과거에는 소수 인종의 권리나 여성의 인권이 사회적 쟁점의 중심에 있었다면, 최근에는 LGBTQ+(성적 지향과 성 정체성의 다양성을 포괄적으로 나타내는 약어)로 대표되는 성소수자 이슈가 새롭게 부상하고 있다. 이러한 논의는 논란의 여지가 큰 주제

- 이러한 분열은 최근의 현상이 아니다. 이미 1992년 미국 공화당 전당대회에서도 '미국 정치는 곧 문화 전쟁이다'라는 선언이 나왔다.

이지만, 미국 밖에서 바라보면 'PC와 DEI가 정말 '전쟁'이라 불릴 만큼 심각한 문제인가?'라는 의문이 들 수 있다.

미국 보수 진영의 시각에서 보면, 주류 진보 세력은 PC와 DEI에 비판적인 인물들에게 인종차별주의자, 남성우월주의자, 혹은 혐오주의자라는 낙인을 찍는 경향이 있다고 본다. 실제로 PC나 DEI 정책을 비판하는 기사는 미국의 주류 진보 언론에서 쉽게 찾아보기 어렵다. 또한 일부 보수층은 2021년 1월 초 미 의회 의사당 난입 사건 이후, 좌파 언론이 반 PC·반 DEI 성향의 인사들을 극단적 트럼프 지지 세력과 동일시했다고 비판한다.

이 글을 쓰는 과정에서 놀라운 사실을 깨달았다. 많은 트럼프 지지자가 소박하고 성실한 삶을 사는 평범한 서민들이 많다는 것이다. 그들은 미국의 중산층으로 하루하루 땀 흘려 일하며, 독실한 신앙심으로 성경의 가르침을 따르고 도덕적인 삶을 추구한다. 가족을 삶의 중심 가치로 두고 전통을 존중하며, 미합중국에 대한 애국심과 자부심이 크다. 자유와 능력주의 사회를 지향하고, 공정한 사회와 차별 없는 세상을 바란다. 한마디로 너무도 평범한 이웃이자 소시민적인 사람들이다.

그렇다면 왜 이들이 '반 PC'과 '반 DEI'를 지지하게 되었을까? 이를 이해하기 위해서는 보수 우파의 관점에서 바라본 좌파의 사상적 기반인 PC와 그 실행 전략에 해당하는 DEI의 개념을 차례로 살펴볼 필요가 있다.

PC가 뭐지?

비미국인들에게 'PC'라는 단어는 먼저 개인용 컴퓨터Personal Computer를 떠올리게 한다. 당연한 일이다. PC(정치적 올바름)라는 개념은 미국 밖에서는 다소 생소하기 때문이다.

PC는 Political Correctness(또는 Politically Correct)의 약자로 '정치적 올바름'으로 번역된다. 본래 PC는 사회적 약자와 소수자에 대한 차별적 언어 사용을 지양하자는 사회운동에서 출발했다.

1990년대 미국의 진보 성향 대학에서 유학하던 시절, PC는 마치 '삼강오륜'처럼 당연한 덕목으로 여겨졌다. PC 운동의 핵심은 사회 속에서 비하적 의미의 편견이 담긴 표현을 새로운 중립적 언어로 바꾸자는 것이다. 그 취지는 분명 선하다. 그렇다면 이제 PC 운동이 실제로 어떤 언어 변화를 끌어냈는지 몇 가지 사례를 살펴보자.

- 미국 흑인 negro → African-American
- 여성 승무원 stewardess → flight attendant
- 장애인 / 장애우 Handicapped → person with disabilities
- 하지 장애인 Crippled → person with a mobility impairment
- 노숙자 Homeless → unhoused

위의 리스트를 보면, 소수자를 배려하려는 따뜻한 의도가 느껴진다. 그러나 PC 운동은 단순히 차별적인 언어를 바로잡는 데 그치지 않는다. 비하적이거나 차별적인 표현이 문제가 되는 이유는 단순히 '기분 나쁘게 들리기 때문'이 아니다. 그런 언어가 사회 구조와 권력 관계를 반영하며, 불평등을 정상화시켜 왔다는 인식이 깔려 있다. 이 때문에 차별적 언어를 바꾸려는 노력은 말투를 고치는 수준이 아니라, 더 공평한 사회로 나아가기 위한 첫걸음으로 여겨진다. 다시 말해 특정 표현을 바꾸는 일은 곧 '세상을 바라보는 관점'을 바꾸려는 시도인 셈이다. 그렇다면 소수자와 약자를 배려해 '착한 말'을 쓰고 더 평등한 사회를 만들자는 이 운동이 왜 거센 논쟁의 대상이 되었을까?

'크리스마스'를 금지한 사회

PC의 영향력이 커지면서 그 변화는 점점 일상 언어와 문화적 상징 전반으로 확산되고 있다. 처음에는 차별적 언어를 배제하자는 취지로 출발했지만, 최근에는 전통적인 표현이나 관습적인 명칭까지 재정의하자는 움직임으로 이어지고 있다.

예를 들어, 남성 중심적 의미를 내포하고 있다는 이유로 'man'이 포함된 단어들이 다음과 같이 성 중립적 표현으로 바뀌고 있다.

- 인류가 만든 man-made → human-made
- 소방관 fireman → firefighter
- 의장 Chairman → Chairperson
- 하원의원 Congressman → Congressperson
- 여성 women → womyn
- 역사 History → herstory

색상을 도덕적 가치와 연관시키는 표현이 인종적 편견, 특히 흑인과 백인에 대한 무의식적 인식을 강화할 수 있다는 이유로 최근에는 blacklist와 whitelist 대신 다음과 같은 용어를 사용하자는 제안이 등장했다.

- blacklist → blocklist
- whitelist → allowlist

이 두 용어는 오랫동안 관용적으로 사용되어 왔지만, 관점에 따라 비하적 의미로 해석될 수 있다는 지적이 제기되었다. 물론 이 정도의 언어 수정까지 필요한가 하는 생각에 고개가 약간 갸우뚱해지는 것도 사실이다.

한 걸음 더 나아가 일부 PC 지지자들은 오랫동안 '전통적'이라고 여겨온 표현들까지 수정해야 한다고 주장한다. 대표적인 예가 바로 '크리스마스'다.

크리스마스는 본래 예수의 탄생을 기념하는 기독교의 종교적 명절이지만, 오늘날에는 종교적 의미를 넘어 온 가족이 함께 모이고 선물을 주고받으며, 연인들이 데이트를 즐기는 문화적 기념일로 자리 잡았다. 그러나 일부 PC주의자들은 '크리스마스Christmas'라는 단어에 예수의 이름이 포함되어 있다는 이유로 특정 종교를 암묵적으로 강요한다고 본다.

이들은 특히 비기독교인이나 타종교 신자들(예: 무슬림)을 배제하거나 불쾌하게 할 수 있다는 이유로 '크리스마스' 대신 보다 중립적인 표현을 사용하자고 제안했다.

- Christmas tree → Holiday tree
- Merry Christmas → Happy Holiday

'메리 크리스마스'와 관련해 실제 있었던 일이다. 〈비디오머그〉 기자가 한 미국 백인 교수에게 "메리 크리스마스!"라고 인사하자, 교수는 잠시 당황한 표정을 지으며 "정말 오랜만에 들어본 말이네요. 요즘 그런 말 했다가 큰일 나는 수가 있습니다."라며 조심스럽게 말을 아꼈다고 한다.

이러한 변화의 배경에는 종교적 다양성과 상호 존중이라는 가치가 자리하고 있지만, 동시에 이런 분위기가 문화적 정체성의 위축으로 이어질 수 있다는 점에서 보수·우파 진영의 반발을 사고 있다.

- 어머니 mother → 아이를 낳은 부모 person who gave birth to the child
- 아버지 father → 모든 성별의 부모 other parent

2024년 8월, 미국 매사추세츠주 의회는 「매사추세츠 친권

법Massachusetts Parentage Act, MPA」을 통과시켰다. 이 법은 동성 커플, 비혼·트랜스젠더 부모, 그리고 시험관 수정이나 대리모를 통해 태어난 자녀 등 다양한 형태의 가족을 법적으로 포용하기 위해 제정되었다.

이 법안은 기존 가족 관련 조항에 사용되던 'father(아버지)'나 'mother(어머니)' 등의 성별 특정 용어를 보다 포괄적인 표현으로 수정하도록 했다. 예를 들어, 'father'는 '모든 성별의 부모 other parent', 'mother'는 '아이를 낳은 부모parent who gave birth to the child'로 정의가 확장되었다.

다만 이러한 변화는 법률 문서상 표현의 포용성을 높이기 위한 것으로 일상 언어에서 '아버지'나 '어머니'라는 단어 사용을 금지하거나 제한하는 것은 아니다.

- 불법 외국인illegal alien → 서류 미비 이민자undocumented immigrant

'불법 이민자illegal alien'라는 표현도 이제 '서류 미비 이민자undocumented immigrant'로 바꾸자는 움직임이 확산되고 있다.

PC 진영에서는 불법 이민자라는 용어가 개인의 행위가 아닌 존재 자체를 불법으로 낙인찍는 비인도적 표현이라고 비판한다.

반면, 미국의 보수·우파 진영은 이러한 표현 변화가 법률을 위반한 사실을 모호하게 만들고, 현실 인식을 흐릴 수 있다고 우려한다.

- 청소년 범죄자juvenile criminal → 정의와 관련된 청소년justice-involved youth
- 범죄자criminal → 정의와 관련된 사람justice-involved person

범죄자를 지칭하는 용어의 변화 역시 논란이 되고 있다. PC 진영에서는 '청소년 범죄자juvenile criminal'를 '정의와 관련된 청소년justice-involved youth', '범죄자criminal'를 '정의와 관련된 사람justice-involved person'으로 바꾸자고 주장한다.

이는 낙인을 줄이고 재사회화를 돕기 위한 언어적 배려로 설명되지만, 한편에서는 이러한 표현이 개인의 책임을 흐리거나 범죄의 심각성을 약화시킬 수 있다는 우려가 제기된다. 마치 범죄 행위가 개인의 의지와 무관한 외부적 결과물처럼 인식될 수 있다는 것이다.

보수·우파 진영은 이러한 언어가 '범죄를 저지른 사람'에 대한 도덕적 판단의 틀을 바꾸고, 나아가 원래의 의미를 왜곡한다고 비판한다.

• 성 정체성과 관련해 논란이 되는 표현: 시스젠더 cisgender

성 정체성과 관련된 표현 또한 논란의 대상이 되고 있다. 최근 등장한 '시스젠더'라는 용어가 그 대표적인 예다. 시스젠더란, 자신이 타고난 생물학적 성과 동일한 성 정체성을 가진 사람을 의미한다. 쉽게 말해 남성이 자신을 남성으로, 여성이 자신을 여성으로 인식하는 경우를 말한다. 이 개념은 처음 들으면 다소 생소하거나 '당연한 내용을 굳이 새로 구분할 필요가 있을까?'라는 의문을 불러일으킬 수 있다.

전통적으로는 생물학적 성별과 성 정체성이 일치하지 않는 트랜스젠더가 '예외적인 존재'로 여겨져 왔다. 그러나 시스젠더라는 분류가 추가되면서 트랜스젠더는 '정상에서 벗어난 특수한 경우'가 아니라, 시스젠더와 동등한 하나의 성 정체성 범주로 인식되기 시작했다. 즉, 시스젠더와 트랜스젠더를 모두 '동등한 인간 다양성의 일부'로 보자는 취지다.

하지만 미국의 보수·우파 진영에서는 이러한 재분류가 '정상 normal'이라는 개념 자체를 해체하려는 시도로 비춰질 수 있다며 우려의 목소리를 낸다.

배려일까, 검열일까?
말의 경계선에 선 사회

미국 보수·우파 진영이 느끼기에는 PC 운동이 어느 순간부터 '상대방을 배려하는 언어의 실천'을 넘어 '특정 언어 사용을 강요하는 운동'으로 변질되었다고 본다.

예를 들어, PC주의자들은 자신들과 다른 견해를 가진 사람들을 쉽게 성차별주의자, 호모포비아, 혹은 이민자 혐오자로 낙인찍으며, 가부장적이고 반인권적인 태도로 비판한다고 주장한다.

보수·우파는 이러한 행태가 죄 없는 사람을 공산주의자로 몰아붙였던 과거의 광풍과 유사하다고 지적하며, 이를 '새로운 매카시즘'이라고 부르기도 한다.

또한 이러한 강압적인 PC의 확산으로 인해 인종과 성별에 대한 건전한 비판조차 금기시되는 사회 분위기가 형성되었다고 본다. 나아가 이들은 오랫동안 상식으로 여겨온 용어나 개념을 비판하는 수준을 넘어 아예 금지하려는 움직임까지 나타나고 있다고 지적한다.

그 결과 보수·우파는 PC 운동가들을 '나치 돌격대식 사상통제자'이자 'AIDS만큼 치명적인 이데올로기 바이러스'로까지 비유하며 강하게 비판한다.

또한 이들은 PC 운동을 주도하는 세력을 '언어 경찰' 혹은 '사상 경찰'이라 부르며, PC 자체를 일종의 광신주의나 근본주의적 현상으로 간주한다.

『자유의 적: 자유Speechless: Controlling Words, Controlling Minds』에서는 이러한 현상을 두고, '보수주의자의 언어는 폭력으로 규정되고, PC주의자의 언어폭력은 표현의 자유로 정당화된다'고 지적한다. 보수·우파는 바로 이 지점에서 정치적 올바름이 균형을 잃고 '편파성이 미덕이 되는 시대'를 만들어가고 있다고 비판한다.

의미적으로 볼 때, PC는 그 자체로 독선적이고 배타적인 속성을 지닌다. '내가 옳다correct'는 말은 곧 '너는 그르다'는 의미를 내포하기 때문이다. 결국 내가 옳다고 주장하는 순간, 논리적으로 상대는 틀리다고 규정될 수밖에 없다.

이는 간단히 설명할 수 있다. 'Politically correct(정치적으로 올바른)'의 반대말은 'politically incorrect(정치적으로 올바르지 않은)'이다. 올바름의 개념은 본질적으로 상대적이며, '나의 관점'과 '나의 기준'에서 판단된다는 전제를 이미 포함하고 있다.

2025년 9월 8일, 미국 노동부 산하 근로자복지보장국EBSA의 수석 정책고문인 저스틴 단호프Justin Danhof는 경제협력개발기구OECD 회의에서 '옳음의 주관성과 자의성'에 대해 다음과 같이 언급했다.

> "ESG에서 말하는 'S', 즉 사회적 가치라는 개념은 매우 모호하다. 각자의 관점에 따라 임의로 정의되고, 마음대로 가치가 매겨진다. 그럼에도 불구하고 ESG 옹호자들은 타인의 자본을 동원해 기업과 사회를 바꾸려 한다. 바로 이 점에서 ESG는 큰 성공을 거두었지만, 동시에 사회적·경제적 혼란을 초래하는 요인이기도 하다."

이러한 억압적 분위기 속에서 사람들은 인종이나 성별 등 PC와 관련된 주제를 공개적으로 언급하기를 점점 더 꺼린다. 2019년 실시된 한 여론조사에 따르면, 13세에서 22세 사이의 학생들 중 거의 절반이 'PC를 강요하는 사람들의 반응이 두려워 토론 수업 중 자신의 생각을 표현하려다 멈춘 경험이 있다'고 답했다. 일부 보수 성향 인사들은 이러한 현상을 두고 'PC가 사실상 새로운 형태의 '사상적 검열'로 작동하고 있다'고 비판한다. 심지어 일부는 PC를 옹호하는 민주당이 이슬람 테러리스트보다 더 두렵다고 말하거나, PC 자체를 '사상적 테러'에 비유하기도 했다.

더 나아가 일부에서는 PC를 '좌파가 대학과 문화계를 주도하기 위한 일종의 프로그램'으로 비판하기도 한다. 이러한 시각은 대학 내에서 진행되는 여러 '정책적·문화적 변화' 사례로 설명되곤 한다. 예를 들어, 일부 미국 대학에서는 인종이나 성평등 이슈에 민감하게 대응하는 규정이나 위원회를 운영하고 있으며, 그 과정에서 표현의 자유와 개인의 선택이 제약된다는 논란이 제기되기도 했다.

보도에 따르면, 몇몇 대학은 학생들의 언행을 모니터링하거나, 성 역할과 관련된 활동에 제한을 두는 등 사회적 논의가 필요한 조치를 시행한 사례가 있다. 이러한 움직임에 대해 비판적 시각을 가진 사람들은 '정치적 올바름이 오히려 자유로운 의견 표현을 위축시킬 수 있다'고 지적한다. 반면, 지지자들은 '이러한 제도는 차별을 예방하고 모두가 안전한 환경을 만들기 위한 노력'이라고 평가한다.

스탠퍼드대학교의 '스피치 코드Speech Code' 역시 표현의 자유와 차별 방지 사이의 경계를 둘러싸고 논란을 일으켰다. 이 정책은 인종이나 성별을 이유로 한 모욕적 언행을 제한하려는 취지에서 마련되었지만, 일부에서는 이러한 규제가 특정 집단의 발언을 더 엄격히 제재함으로써 표현의 자유를 침해할 수 있다고 비판했다. 한편, 대학 측은 이 제도가 모든 학생이 차별과 괴롭힘 없이 학업에 전념할 수 있는 환경을 조성하기 위한 것이라고 설명했다.

〈숨겨진 부족: 미국의 양극화된 풍경에 대한 연구Hidden Tribes: A Study of America's Polarized Landscape(2018)〉 보고서에 따르면, 미국인의 약 80%는 'PC가 국가적 문제'라고 인식하고 있다. 이 보고서는 미국 사회의 가치 분열을 일곱 개의 '가치 부족'으로 구분하면서 진보적 활동가 집단을 제외한 대다수의 미국인이 PC를 부담스럽게 느낀다고 분석했다. 이처럼 PC는 단순한 언어 규범을 넘어 표현의 자유와 사회적 가치의 경계를 둘러싼 가장 논쟁적인 주제로 자리 잡고 있다.

PC의 기원 - '당성黨性'의 언어에서 사회적 규범으로

흥미롭게도 PCpolitically correct(정치적 올바름)라는 표현은 처음부터 지금처럼 '다양성과 포용'을 의미했던 것은 아니다.
20세기 초, 이 용어는 공산주의 진영에서 당의 노선에 부합하는 발언이나 행동을 가리키는 내부적 표현으로 사용되었다. 즉, 누군가가 공산당의 강령이나 지도부의 방침에 어긋나는 말을 할 경우, 그를 '정치적으로 올바르지 않다politically incorrect'고 지적했던 것이다. 당시의 '정치적 올바름'은 일종의 당성 혹은 이념적 충성도를 의미했으며, 정치적 반대파를 규제하거나 배제하는 수사로 활용되기도 했다.
이처럼 초기의 PC 개념은 '사상적 순결'을 강조하는 통제적 언어였으나, 훗날 서구 사회에서는 인권·평등을 강조하는 사회운동의 언어로 의미가 전환되었다.

정치적 '올바름', 도대체 뭐가 '옳다'는 걸까

비미국인의 시각에서 보면 한 가지 의문이 든다. PC가 다소 억압적인 성격을 지닌다 하더라도, 왜 그것이 'PC와의 전쟁'이 선포될 만큼 심각한 문제로 인식되는 것일까?

"생각은 말을 낳고, 말은 행동을 낳는다." 이 격언은 PC 논쟁의 본질을 압축한다. 보수·우파 진영은 PC는 사람들의 '말'을 통제함으로써 결국 '생각'과 '행동'까지 통제하려 한다고 주장한다. 보수 진영에서는 PC가 언어 통제를 통해 사고와 행동까지 영향을 미칠 수 있다고 우려한다.

이와 관련해 일부 보수 논평서에서는 '언어를 통제하면 사고도 통제된다'는 주장을 제목으로 내세우며, 언어가 단순한 의사소통 수단을 넘어 사고의 틀과 세계관을 형성하는 중요한 요소라고 지적한다.

이러한 시각에 따르면, 진보 진영이 단어의 의미와 뉘앙스를 세밀하게 조정하려는 이유는 언어가 사회적 인식과 규범을 만들어내는 강력한 수단이라고 보기 때문이다. 즉, 언어의 변화가 곧 사회적 변화를 이끌 수 있다는 믿음이 그 배경에 있다.

- 격언: 생각 ➡ 말 ➡ 행동
- PC(정치적 올바름): 생각 ⬅ 말 ➡ 행동

미국 보수 진영의 관점에서 보면, 이러한 언어 재편의 움직임은 단순히 단어 선택의 문제가 아니다. 언어는 사회적 인식의 틀을 형성하고, 그 안에서 사람들의 가치관과 행동을 규정하는 역할을 한다고 본다. 따라서 용어 하나의 변화가 사회 구조나 문화적 규범의 재편으로 이어질 수 있다는 우려를 제기한다.

보수층 일각에서는 PC가 특정 정치 이념의 틀 안에서 '옳고 그름'의 기준을 설정하려 한다고 비판한다. 이들은 정치적 올바름이 때로는 전통적 가치나 표현의 자유를 제한하고, 특정 사회 집단의 관점이 사회 전반의 규범으로 확장되는 현상을 경계한다.

반면, 진보 진영은 언어의 변화가 사회적 약자에 대한 배려이자, 더 포용적인 사회를 위한 문화적 진보라고 본다. 결국 PC 논쟁은 '언어의 변화가 사회를 더 평등하게 만드는가, 아니면 새로운 형태의 규제를 낳는가'라는 질문으로 귀결된다.

영국 갱단 범죄 사건에 등장한 PC

2025년 초, 일론 머스크 테슬라 최고경영자는 영국 정부가 과거 '로더럼Rotherham 그루밍 갱grooming gang 사건'을 축소하거나 은폐했다고 비판했다.

이 사건은 1997년부터 2013년까지 영국 잉글랜드 북부 로더럼 지역에서 약 1,400명에 달하는 미성년 소녀들이 성적 착취와 폭력의 피해를 입은 것으로 알려진 범죄다. 가해자 상당수는 파키스탄계 남성으로 구성된 집단이었으며, 사건은 2010년대 초반 내부 고발과 언론 보도를 통해 뒤늦게 공론화됐다. 이후 영국 정부는 여러 차례 공식 조사와 청문회를 통해 지방경찰과 행정 당국의 부실 대응을 인정했다.

이 사건이 다시 논란이 된 이유는 일부 언론과 정치권에서

'PC'가 사건의 조기 대응을 막았다는 주장이 제기되었기 때문이다. 당시 공무원들과 경찰이 인종차별 논란을 우려해 문제 제기를 회피했다는 것이다. 즉, 소수 이민자 집단에 대한 정치적 배려가 오히려 피해자 보호를 지연시켰다는 비판이다. 다만 이러한 해석은 정치적 입장에 따라 논쟁이 있으며, 모든 조사에서 이 요인이 명확히 입증된 것은 아니다.

비슷한 맥락에서 2019년 4월 스리랑카의 부활절 테러 당시 힐러리 클린턴 전 미국 국무장관이 희생자들을 '기독교인' 대신 '부활절 숭배자'라고 표현한 일도 논란이 되었다. 일부에서는 이 표현이 이슬람 혐오 정서를 자극하지 않으려는 'PC'의 일환이었다고 보았고, 다른 측에서는 단순히 외교적·종교적 중립성을 고려한 표현일 뿐이라고 해석했다.•

• 《중앙일보》, 「'소녀 1,400명 성폭행 당했다'… 머스크가 건드린 '영국의 아픈 손가락」 (2025년 2월) 및 영국 정부 공식 조사보고서 〈Independent Inquiry into Child Sexual Exploitation in Rotherham (2014)〉

The Woke,
미국판 강남좌파의 도덕 정치

PC를 논의할 때 반드시 함께 언급되는 단어가 있다. 바로 '워크The Woke'다. Woke는 원래 '깨어 있는awake'이라는 뜻으로 인종 차별이나 성차별 등 사회적 불평등 문제에 민감하게 반응하는 사람들을 일컫는 긍정적 의미로 사용되었다. 즉, 사회적 약자와 불평등 문제에 '의식적으로 깨어 있는 사람들'을 가리켰다.

그러나 최근 들어 이 단어는 정치적 맥락에서 의미가 크게 변화했다. 일부에서는 'Woke'를 정치적 올바름(PC)을 과도하게 강조하거나, 도덕적 우월감을 내세워 타인의 생각과 표현을 비판하는 진보 진영을 풍자하거나 비판하는 용어로 사용하고 있다. 한국어로 굳이 비슷한 뉘앙스를 찾자면, '강남좌파'나

'깨시민' 정도가 그와 유사한 감정을 전달한다고 볼 수 있다.•

과거 보수 진영은 주로 PC가 표현의 자유를 제약한다고 비판했다. 그러나 2016년 미국 대선을 기점으로 트럼프는 비판의 초점을 '워크'로 옮겼다. 그는 워크를 '명문대를 졸업하고, 고급차를 타며, 동부 해안의 대도시에 거주하는 엘리트 계층'으로 묘사하면서 정치적 논쟁의 무게중심을 언어의 문제에서 사회·경제적 계층의 문제로 이동시켰다.

트럼프는 워크 집단이 주도하는 PC 담론이 일반 서민의 현실과 괴리되어 있다고 지적했다. 생계비, 일자리, 지역 산업과 같은 실질적인 문제보다 정체성, 젠더, 인종 등 이념적 의제가 과도하게 강조되고 있다는 것이다. 그는 이러한 흐름을 '엘리트의 도덕 담론이 대중의 생활 의제를 압도하는 구조'로 비판하며, 이를 오늘날 미국 사회의 새로운 분열 양상으로 바라봤다.

보수 진영의 시각에서 보면 워크 집단은 PC에 비판적인 사람들을 '무지하거나 시대에 뒤떨어진 사람'으로 여기는 경향이 있다고 본다. 이에 따라 일부 보수 성향의 서민층은 워크

- 한국 온라인 문화에서는 PC를 지나치게 강조하거나 타인에게 강요하는 사람을 비판하는 의미로 'PC충'이라는 표현이 유행한 바 있다.

집단의 태도를 학력과 사회적 지위에 기반한 '도덕적 우월감'의 표현으로 받아들인다. 이런 인식은 워크 담론이 사회적 정의를 추구하기보다 오히려 사회적 거리감과 반감을 심화시킨다는 비판으로 이어진다.

보수 진영의 일부에서는 워크 담론이 표면적으로는 평등과 포용을 강조하지만, 실제로는 엘리트 계층이 자신의 도덕성과 사회적 정당성을 과시하는 일종의 '상징적 인정 투쟁'으로 작동한다고 본다. 즉, PC가 권력과 부를 이미 보유한 이들이 스스로의 '도덕적 우위'를 확인받는 수단으로 기능하는 것은 아닌지 의문을 제기하는 것이다.*

- 일부에서는 PC를 사회적 상층부의 도덕적 과시로 보고, 이를 풍자적으로 '부자병'이라 부르기도 한다.

좌파조차 비판하는 PC, 상식의 붕괴

PC는 흔히 진보좌파와 동일시되지만, 실제로는 진보좌파 내부에서도 이에 대한 비판적 시각이 존재한다. 이러한 비판은 PC 담론에 참여하는 사람들에게 특히 뼈아프게 다가올 수 있다. 이어지는 부분에서는 강준만 교수가 쓴 저서 『정치적 올바름』에서 논의된 일부 좌파 진영의 PC 비판 논리를 살펴본다.

일부 진보 지식인들은 PC를 경제적 불평등의 구조를 가리는 '부르주아 자유주의의 이데올로기적 방패'로 해석하기도 한다. 그들의 견해에 따르면, 사람들이 PC 논쟁에 몰두하는 동안 자본주의 체제의 근본 문제인 '경제적 계급 투쟁'은 제대로 다뤄지지 못하고 그 결과 자본주의는 오히려 강화된다는 것이다.

또한 PC가 '정의롭고 깨끗하며 올바른 상태'를 추구한다는 점을 비판하며, 이를 '살균된 문화'라고 표현하기도 한다. 겉으로는 건강하고 건전해 보이지만, 실제로는 사회의 구조적 불평등을 가리고, 그런 문화를 소비하는 개인 스스로의 모순과 분열을 망각하게 만든다는 지적이다.

이와 함께 '정체성 정치 identity politics'에 대한 비판도 제기된다. 정체성 정치는 인종, 성별, 종교 등 다양한 기준에 따라 집단의 권리를 주장하지만, 그 과정에서 경제적 정의 문제를 소홀히 하고, 타협이나 협상보다는 '모 아니면 도'식의 대립 구도를 강화한다는 것이다. 이러한 경향이 심화될수록 빈부격차나 도시의 황폐화, 자원 불평등 등 근본적인 사회경제적 문제가 오히려 가려진다는 비판이 나온다. 이는 결국 '정체성 정치'와 '계급 정치' 사이의 긴장으로 이어진다.

영국의 작가이자 동성애자인 스티븐 프라이 Stephen Fry는 PC에 비판적인 입장을 보인다. 그는 자신이 PC를 반대하는 이유에 대해 다음과 같이 밝힌 바 있다.

> "제가 PC에 반대하는 이유는 제가 평생 경계하고 혐오해 온 요소들이 그 안에 존재하기 때문입니다. 설교하듯 간섭하는 태도, 도덕적

> 우월감을 내세우는 경건함, 독선, 이단 사냥, 비난과 수치심 주기, 증거 없는 확신, 공격성, 마녀사냥식 심문, 그리고 검열 같은 것들이 PC와 결합되어 있습니다."

그의 이러한 발언은 PC 담론이 본래의 취지와 달리 도덕적 강요나 언어적 통제를 동반할 수 있다는 우려를 반영한다.

안타깝게도 문화 전쟁의 핵심을 이루는 윤리적·도덕적 쟁점들은 경제 정책과 달리 협상이나 타협으로 쉽게 풀리기 어렵다. 경제 정책은 이해관계를 조정하거나 절충점을 찾는 방식으로 해결의 여지가 있지만, 윤리와 도덕에 관한 문제는 개인의 가치관과 깊이 연결되어 있어 양보나 수정이 쉽지 않다. 이런 가치 차이는 단순한 정책 선택의 문제를 넘어 사람들의 정체성과도 맞닿아 있기 때문에 논쟁이 길어지는 경우가 많다.

최근처럼 정치적 양극화가 심해진 상황에서는 이러한 갈등이 더욱 뚜렷하게 나타난다. 각 진영의 정치인들이 쉽게 타협하지 않으려는 모습은 오히려 자신들이 추구하는 가치에 충실하다는 신호를 지지자들에게 보내는 효과를 가져오기 때문이다. 이런 행동은 정치적 입장을 분명히 보여주는 데는 도움이 되지만, 합리적 논의를 어렵게 만드는 요인으로 작용한다.

종교나 민족성과 같이 개인의 정체성에 직접 닿아 있는 문제에서는 이 같은 현상이 더욱 강하게 나타난다. 정치권이 이러한 감정을 활용할수록 문화적·도덕적 이슈는 논의가 깊어질수록 갈등이 커지는 경향을 보인다. 결과적으로 사회적 의사결정 과정은 감정과 신념의 충돌 속에서 더 복잡해지고, 해결까지 시간이 오래 걸리는 구조가 만들어진다.

강준만 교수의 『정치적 올바름』에는 이 문제를 통찰력 있게 요약한 문장이 있다.

> "도덕과 정의는 얼핏 듣기에는 아름답지만, 그것이 현실과 동떨어질 정도로 과장되면 끝없는 분란의 씨앗이 된다."

5장

다양성의 역설
평등이 불평등을 낳을 때

'DEI'는 본래 포용과 공정을 지향하지만, 때로는 그 과정에서 새로운 형태의 배제를 낳는다는 비판을 받는다. 능력보다 정체성이 우선시되거나, 결과의 평등이 기회의 평등을 잠식할 수 있다는 것이다.
트럼프는 이를 '역차별의 제도화'로 규정하며, '다양성이 아니라 공정이, 정체성이 아니라 실력이 중요하다'고 주장했다. 이러한 논란은 미국 사회가 '정의'라는 이름 아래 또 다른 불평등을 경험할 수 있음을 보여준다. 5장에서는 '평등의 이상'이 어떻게 '이념의 무기'로 변모했는지를 살펴본다.

포용의 이상과
역차별의 논란

> 트럼프 대통령은 지난 1월 취임 직후 DEI 정책을 '불법적 인종차별'로 규정, 연방기관에 관련 조사를 지시했다. 1980년대 시작된 DEI 정책은 인종을 넘어 성별, 성적 지향, 장애, 재향군인 등 다양한 소수자 그룹을 포괄하는 개념으로 발전해 왔다. 그러나 2023년 미국 연방대법원이 대학 입시에서 소수자 우대 정책을 폐지하면서 DEI 정책의 정당성은 다시 한번 도마에 오르기도 했다.
>
> - 출처: 《조선비즈》, 2025년 5월 20일 자.

미국에서 DEI는 ESG의 'S^{Social}(사회적 책임)'를 대표하는 개념으로 인식된다. 미국 사회에서 ESG가 주로 환경 관련 투자 용어로 사용되는 반면, DEI는 일상 속에서 다양성과 형평성을 둘러싼 사회적 논의로 자주 등장한다.

   DEI는 Diversity(다양성), Equity(형평성), Inclusion(포용성)의 약어이다. 개념이 다소 추상적으로 느껴질 수 있지만, 각각의 의미는 다음과 같다.

- Diversity(다양성): 사회 내 개인의 다양한 특성과 배경을 인정하고 존중하는 것
- Equity(형평성): 동등한 기회와 공정한 대우를 보장하려는 노력
- Inclusion(포용성): 누구나 자유롭게 참여하고 기여할 수 있는 환경을 조성하는 것

   DEI의 첫 번째 요소가 '다양성'이라는 점에서 알 수 있듯이 이 개념은 사회 구성원의 차이를 존중하고, 이를 사회적 자산으로 삼으려는 가치관을 중심에 두고 있다. 따라서 일반적으로 DEI는 '다양성의 확대'를 핵심 목표로 하는 개념으로 이해된다.

2024년 미국 대선, DEI 국민투표가 되다

한 가지 질문이 제기된다. DEI는 '다양성을 추구하자'는 취지의 책임감 있고 긍정적인 정책처럼 들린다. 그런데 왜 2024년 미국 대통령 선거가 'DEI 국민투표'라 불릴 만큼 이 이슈가 미국 사회의 주요 갈등 요인으로 떠올랐을까?

이 질문에 답하기 위해서는 먼저 DEI의 개념을 이해하고, 그로 인한 사회적 논쟁의 배경을 살펴볼 필요가 있다.

DEI는 인종, 젠더(성별) 등을 포함한 사회적 다양성을 증진하는 것을 주요 목표로 한다. 특히 사회적으로 소외되거나 불리한 위치에 있는 집단이 평등하게 참여하고 기여할 수 있도록 '실질적인 기회'를 확대하는 데 초점을 맞춘다. 이러한 취지는 인권과 포용의 가치에 기반하고 있지만, 실제 정책 실행 과정에서는 그 효과와 한계를 둘러싸고 다양한 사회적 논쟁이 이어지고 있다.

DEI는 법적·정책적으로 '다양성'을 위해 소수 집단의 참여와 대표성을 확대하는 방향으로 설계되었다. 대표적인 사례가 조 바이든 전 대통령이 취임 첫날인 2021년 1월 20일에 서명한 「연방 정부

를 통한 인종 형평성 증진 및 소외된 지역사회 지원」(Executive Order 13985)이다.•

이 행정명령에 따라 각 연방 기관은 형평성 평가를 실시해야 했으며, 연방정부의 조달 계약에서도 소외된 집단이 운영하는 기업이나 단체에 일정한 가산점을 부여하도록 했다. 당시 바이든 행정부는 DEI 정책을 적극 추진했으며, 일각에서는 '민주당 정부에 DEI는 헌법만큼이나 중요한 가치'라는 표현이 나올 정도로 그 의지를 강조했다.

이러한 정책 기조는 민간 부문에도 큰 영향을 미쳤다. 예를 들어, 구글은 리더십 직급에서 대표성이 부족한 소수자 그룹의 비중을 30%까지 확대하겠다는 DEI 채용 목표를 제시했다. 또한 나스닥은 상장 기업에게 인종적·성별로 다양한 이사회를 구성할 것을 요구하고 있으며,•• 캘리포니아주는 더 나아가 소수인종과 성소수자를 이사회 구성에 포함하도록 하는 법안

• 미국 바이든 대통령은 2021년 1월 20일, 「행정명령 13985: 연방 정부를 통한 인종 형평성 증진 및 소외된 지역사회 지원Executive Order 13985, Advancing Racial Equity and Support for Underserved Communities Through the Federal Government」을 발령했다.

•• 2024년 12월, 미국 연방항소법원은 상장기업 이사회에 인종 및 성별 다양성을 의무화한 나스닥의 규정을 위헌 소지가 있다며 무효화했다.

을 제정했다.*

이처럼 DEI는 공공과 민간 모두에서 다양성과 형평성을 제도적으로 구현하려는 시도로 확산되었지만, 그 실행 과정에서 공정성과 효율성을 둘러싼 논쟁도 함께 불거지고 있다.

DEI의 당위성에 대한 일방적 주장에는 자연스럽게 반발이 따를 수 있다. 이에 DEI 정책을 지지하는 쪽에서는 맥킨지 보고서를 인용하며, DEI와 기업의 이윤 사이에 긍정적인 상관관계가 존재한다고 주장한다.

그러나 이 보고서는 인과관계에 대한 논쟁이 이어지고 있으며, 이를 근거로 DEI를 정당화하는 방식은 ESG 투자의 논리와 유사하다는 지적도 있다. 즉, '사회적 책임과 수익성'을 동시에 얻는다는 이른바 '꿩 먹고 알 먹는' 프레임이다.

보수 진영에서는 이러한 접근이 다양성의 긍정적 효과를 '진리'처럼 전제하는 사회 분위기를 만들어낸다고 비판한다. 다시 말해 이미 답이 정해진 상태에서 논의를 유도하는 '답정너'식 담론이라는 것이다. 이러한 분위기 속에서 DEI는 점차 법적 의무나 제도적 기준으로 자리 잡았다.

* 2022년 4월, 미국 캘리포니아주 1심 법원은 주州 상장기업의 이사회에 인종 및 성별 다양성을 의무화한 「이사회 다양성 법Board Diversity Law」이 주 헌법에 위배된다며 위헌 판결을 내렸다.

마이클 놀스Michael Knowles의 저서 『자유의 적, 자유Speechless: Controlling Words, Controlling Minds』에 따르면, PC는 교묘하면서도 강력한 정치적 전략으로 기능한다. 반면, DEI는 바이든 행정부 시기 행정명령 등을 통해 실제 정책으로 제도화되었다. 다시 말해 PC가 이념적·정치적 개념이라면, DEI는 그것을 구체적으로 실행하는 법적·정책적 수단이라 할 수 있다.

보수 진영에서는 이러한 관계를 'PC는 사상과 전략, DEI는 그 이행을 위한 전술'로 해석한다. 그래서 일부 보수 논객들은 'D', 'E', 'I' 세 글자가 결합된 DEI를 'PC의 왜곡된 삼위일체'라고 비판하기도 했다.

평등의 명분이 낳은
역차별

다양성DEI 정책의 범위가 인종과 성별을 넘어 성소수자까지 확대되면서 사회적 갈등이 심화되고 있다.* 2025년 1월 초, 미국 로스앤젤레스에서 발생한 대형 산불은 이 같은 논쟁을 다시 불러일으켰다. 여러 곳에서 동시에 번진 불길은 강풍을 타고 주택가로 확산되어 수십 명이 사망하고, 약 1만 6천 채의 주택이 전소했으며, 10만 명 이상이 대피했다.

그런데 이 사건이 예상 밖으로 'DEI 다양성' 논란으로 이어졌다. 트럼프의 장남인 도널드 트럼프 주니어는 '로스앤젤레스 당국이 다양성 정책을 추진하는 과정에서 능력 있는 백인 남성 소방관들이 해고되고, 성소수자 인사가 소방청장과 부청장, DEI 부서장으로 임명되어 화재 대응이 제대로 이루어지지 않았다'고 주장했다.(구체적인 근거는 제시하지 않음.)

이 주장은 DEI 정책이 역차별로 이어질 수 있다는 보수 진영의 인식을 보여주는 사례로 다양성 확대의 명분이 능력주의

• 최근에는 '소외된 집단'의 범주가 더욱 확대되어 나이, 장애, 성적 지향, 종교, 국적, 사회경제적 배경 등 폭넓은 사회적 요인을 포괄하고 있다.

와 공정성의 원칙과 충돌할 수 있다는 논쟁을 불러일으켰다.

　2025년 1월 말, 미국 워싱턴 D.C. 인근 로널드 레이건 공항에서 아메리칸항공 여객기와 미 육군 헬기가 충돌해 탑승자 67명 전원이 사망하는 참사가 발생했다. 사건 직후 트럼프는 전임 바이든 행정부의 DEI 정책이 사고의 원인이라고 주장했다. 그는 '미연방항공청(FAA)의 DEI 정책에는 심각한 지적·정신적 장애가 있는 사람들의 채용을 확대한다는 내용이 포함되어 있다'며 능력보다 다양성을 우선시한 인사 정책이 항공 안전에 부정적 영향을 미쳤다고 비판했다.(구체적인 근거는 제시하지 않음.)

　이와 같은 주장은 DEI 정책이 공정성과 능력주의를 훼손한다는 보수 진영의 시각을 반영한다. 일부 보수 진영은 DEI 채용 정책을 '다양성의 이름으로 비소수 집단에 대한 차별이 이루어지는 구조'로 본다. 특히 백인 남성이 그 주요 피해자라고 주장한다.

　논란은 교육계로도 확산됐다. DEI 정책의 일환으로 일부 고등학교는 학업 환경이 열악한 유색인종 학생들의 형평성을 고려해 우등반을 폐지하고, 일부 대학은 입시 평가에서 SAT(표준화 시험) 점수를 반영하지 않겠다고 결정했다. 또한 표준 영어 교육을 인종차별적이라고 비판하는 움직임도 나타났다. 표준 영어가 주로 백인 남성의 언어 관점을 반영하기 때문에 이를 중심으로 한 교육이 백인 우월주의를 강화하고 타 집단을 배제하는 효과를 낳는다는 이유에서다.

　이처럼 DEI 정책은 포용과 형평성을 목표로 하지만 실제 적용 과정에서는 공정성·능력주의·자율성 등 기존 가치와 충돌하면서 사회적 갈등을 심화시키는 양상이다.

다양성의 이름으로
벌어지는 아이러니

⟨Modern Educayshun⟩은 '교육education'의 철자를 의도적으로 비틀어 교육 제도의 문제와 부실한 사고 체계를 풍자적으로 표현한 제목이다. 이 작품은 호주의 코미디언이자 영화 제작자인 닐 콜하트카Neel Kolhatkar가 제작한 약 7~8분 분량의 단편 영화로 PC의 과도한 민감성과 그로 인한 개인의 자유 및 비판적 사고의 억압을 주제로 한다.

영화는 '소수자를 배려해야 한다'는 명분 아래 오히려 자유로운 사고와 표현의 공간이 제한되는 상황을 풍자적으로 묘사한다. 즉, 선의를 표방한 포용이 어떻게 또 다른 형태의 억압으로 변질될 수 있는가를 보여주는 것이다.

이 작품은 PC와 DEI 담론을 비판적으로 바라보는 보수 진영의 시각을 간결하면서도 강렬하게 드러내며, 이러한 논쟁의 사회적 맥락을 이해하는 데 참고가 될 만하다. (한국어 자막 버전도 공개되어 있다.)

❙ PC와 DEI의 위선을 풍자한 숏필름: 〈Modern Educayshun〉

기업의 브랜드 리뉴얼조차 DEI 논쟁으로 번지는 사례가 있다. 미국의 대표적인 패밀리 레스토랑 체인 크래커배럴Cracker Barrel은 창립 50주년을 맞아 브랜드 이미지를 현대적으로 개선하고자 로고를 변경하려 했다. 기존 로고에는 작업복 차림의 남성이 나무통에 기대어 앉아 있는 모습이 있었으나 새 로고에서는 인물 이미지를 삭제하고 브랜드명만 남겼다.

그러나 일부 보수층은 이 결정이 DEI 정책의 영향이라고

| 출처: 《한국경제》, 2025년 8월.
https://buly.kr/FAeMVUg

주장하며 반발했다. 트럼프 역시 논란에 가세하며, 이번 조치를 전통적 가치의 부정이자 이른바 '워크Woke 기업 문화'에 동조한 사례로 해석했다. 여론이 악화되자 회사는 결국 기존 로고로 복귀하기로 결정했다.

외부에서 보면 단순한 디자인 변경처럼 보일 수 있지만, 이러한 사례는 미국 사회에서 DEI가 얼마나 정치적이고 감정적인 이슈로 자리 잡았는지를 보여준다. 즉, 다양성과 포용이라는 가치가 이제는 문화·경제 전반에 걸쳐 상징적 갈등의 축으로 작용하고 있는 것이다.

라스베이거스에서도 DEI 정책을 둘러싼 논란이 이어지고 있다. 라스베이거스는 진보 성향이 강한 로스앤젤레스에서 차로 약 4시간 거리에 있는 대표적인 관광·공연 도시다. 최근 한 미국 경영자는 라스베이거스 공연을 관람한 뒤 '공연 수준이 기대에 미치지 못했다'고 평가했다.

그는 그 이유를 'DEI 정책의 영향으로 인종적 다양성을 고려해 실력보다 대표성을 우선시한 출연진' 구성 때문이라고 주장했다. 실제로 일부 관객들 사이에서는 라스베이거스 공연의 출연진 구성이 일상에서 체감하는 인종·성적 소수자 비중보다 높다는 의견이 제기되기도 했다. 예를 들어, 주요 남녀 주인공이 모두 흑인 배우이거나, 주요 역할에 성소수자가 자주 등장하는 사례가 늘고 있다는 것이다.

일부에서는 이러한 현상을 '블랙워싱Blackwashing', 즉 다양성과 포용의 가치를 강조하는 과정에서 인종적 균형이 오히려 과도하게 반영되는 현상으로 해석하기도 한다. 다만 이는 사회적 인식 변화 속에서 문화 산업이 다양성과 공정성의 균형점을 찾아가는 과정이라는 시각도 함께 존재한다.

블랙워싱이란 무엇인가

'블랙워싱'은 최근 DEI 논쟁 속에서 등장한 신조어로 '그린워싱'과 유사한 조어다. 본래 영화·드라마 산업에서 백인 배우를 중심으로 캐스팅하던 관행인 '화이트워싱'에 대한 반작용으로 등장했으며, 인종적 다양성을 강조한다는 명분 아래 작품에 흑인이나 유색인종을 과도하게 등장시키는 현상을 비판적으로 표현할 때 사용된다. 이 용어는 진영에 따라 의미가 다르게 해석된다.

보수 진영에서는 블랙워싱을 PC나 DEI 정책이 과도하게 작용한 결과로 본다. 즉, 실질적인 다양성보다 정치적 올바름을 우선시한 '과도한 반응'이라는 의미로 사용된다.

진보 진영에서는 반대로 블랙워싱을 흑인·소수자 권익의 실질적 개선 없이 보여주기식으로 다양성을 소비하는 행태로 본다. 이들은 이를 '형식적 포용'의 또 다른 형태로 비판한다.

최근 대표적인 사례로는 디즈니 실사 영화의 흑인 인어공주, 라틴계 백설공주캐스팅 등이 자주 언급된다.

일반적으로 사용되는 '워싱washing' 용어 정리

용어	핵심 의미	주요 사용 맥락	비판 포인트
그린워싱 (Greenwashing)	친환경인 척, ESG 마케팅 과장	환경 캠페인	실질적 개선 없이 홍보용 '친환경'
블랙워싱 (Blackwashing)	흑인·다인종 대표성 과장·이용	광고·정치·문화 전쟁	(진보 관점) 보여주기식 다양성, (보수 관점) 과도한 PC/DEI
화이트워싱 (Whitewashing)	불편한 사실·역사를 숨기거나 미화	기업 스캔들 은폐, 역사 왜곡, 영화에서 인종적 다양성 무시	진실 은폐, 책임 회피

DEI의 실효성 논란과 능력주의의 부상

DEI 정책에 대한 회의적 시각, 즉 'DEI 무용론'도 제기되고 있다. 드루대학교에서 DEI 담당 임원으로 근무했던 에릭 스미스Eric Smith 현 요크대학교 교수는 'DEI 프로그램은 기대만큼 효과적이지 않다'고 주장한다. 흑인 학생들의 독해력이 백인이나 히스패닉계 학생들보다 낮은 수준에 머물러 있을 뿐 아니라, 오히려 흑인 학생과 백인 학생 간의 학업 격차가 더 벌어지고 있다는 통계도 있다.

에릭 스미스 교수의 지적처럼 학계 내부에서도 DEI 정책의 실효성을 둘러싼 논쟁이 이어지고 있다. 《하버드 비즈니스 리뷰Harvard Business Review》에 실린 〈왜 다양성 프로그램은 실패하는가?Why Diversity Programs Fail〉라는 논문은 DEI 의무 교육을 시행한 기업들을 대상으로 한 연구 결과를 제시한다.

  논문에 따르면, DEI 의무 교육 도입 전후를 비교했을 때, 백인 여성·흑인 남성·히스패닉 직원의 비율에는 큰 변화가 없었으며, 특히 흑인 여성의 비율은 오히려 약 9% 감소한 것으로 나타났다. 일부 직원들은 다양성 교육이 오히려 인종 간 반감이나 거리감을 조성해 최소한의 업무상 대화 외에는 타 인종과 교류하지 않게 만드는 부작용을 낳는다고 평가했다.

  또한 DEI가 새로운 형태의 권력이 되었다는 비판도 제기됐다. 2020년 기준, 미국 내 기업 대상 DEI 교육 시장 규모는 약 34억 달러(약 4조 7천억 원)에 달한다. 비평가들은 이러한 거대한 시장이 형성되면서 일부 교육업체나 컨설팅 회사가 DEI를 통해 경제적 이익을 얻고 있다고 지적한다.

  한편, 비소수 인종인 백인들 사이에서는 '능력과 역량'에 기반한 평가가 공정한 정의라는 인식이 확산되고 있다. 이들은 '받을 자격이 없는 이가 특혜를 통해 기회를 얻는 것은 불의'라며, 피부색이나 정체성이 아닌 개인의 성취로 평가받아야 한다고 주장한다. 일부는 또한 '현재의 흑인 세대가 과거 조상 세대의 노예제 경험을 근거로 피해자 정체성에 머물러서는 안 된다'고 비판한다.

이러한 논의 속에서 미국 보수 진영에서는 DEI를 대체할 개념으로 EMC^{Equality·Merit·Colorblindness}를 제안한다. EMC는 평등, 능력주의, 인종을 고려하지 않음을 핵심 가치로 삼는다. 즉, 성별이나 인종, 성적 지향 등 외적 조건이 아니라 개인의 자격과 성취에 따라 공정하게 경쟁할 수 있는 사회를 지향하는 접근이다.

EMC란?

EMC는 Equality(평등), Merit(능력주의), Colorblindness(인종을 고려하지 않음)의 약어로 DEI(다양성·형평성·포용)에 대한 대안적 개념으로 제시되고 있다.

Equality(평등): 모든 개인이 법 앞에서 동등하게 대우받고, 누구에게나 동등한 기회가 주어져야 한다는 원칙을 강조한다.

Merit(능력주의): 개인의 성과와 역량에 기반해 평가하고 보상을 결정해야 한다는 개념이다. 즉, 외적 요인이 아니라 실질적 능력에 초점을 맞춘다.

Colorblindness(인종을 고려하지 않음): 인종이나 민족적 배경을 고려하지 않고 개인의 능력과 성취를 중심으로 평가해야 한다는 입장을 의미한다.

EMC는 개인의 성취와 공정한 경쟁을 중시하는 능력주의적 접근으로 DEI가 강조하는 다양성과 형평성의 가치와는 다른 방향에서 사회적 정의를 모색하려는 시도라 할 수 있다.

소수자 보호와
능력주의 가치의 충돌

2025년 1월 20일, 트럼프 대통령은 취임과 동시에 DEI 폐지를 명시한 행정명령에 서명했다. 행정명령의 정식 제목은 「불필요한 급진적 DEI 프로그램 및 차별 폐지」이다. 이어 1월 31일에는 「불법 차별을 근절하고 능력 위주의 기회 회복」이라는 또 다른 행정명령(EO 14173)을 발표하며, DEI 폐지의 방향을 더욱 분명히 했다.

이 두 행정명령에는 트럼프 대통령의 '능력주의' 복원 의지가 명확히 드러난다. 그는 DEI 정책이 피부색이나 성 정체성 등 개인의 정체성에 근거한 불합리한 우대 조치로 변질되었다고 비판하며, 이를 '불법적이고 비윤리적인 차별 형태'로 규정

했다.

이에 따라 연방정부 내 DEI 관련 기관과 직책이 폐지되었고, 정부 부처의 DEI 프로그램 및 지원금이 중단되었으며, 정부 프로젝트 참여 시 요구되던 DEI 이행 요건도 공식적으로 철회되었다. DEI 관련 부서나 담당자 입장에서는 구조 개편과 인력 감축 등 상당한 변화가 불가피해진 셈이다.

이번 조치의 법적 근거 역시 민권법에 기반하고 있다. 트럼프 행정부는 DEI가 인종과 성별을 고려한 특혜를 제공함으로써 오히려 '인종·성별에 따른 차별을 금지'하는 기존 민권법 조항을 위반할 소지가 있다고 주장했다. 또한 이러한 DEI 제도가 국가적 단합을 저해하고, 근면·성공·개인적 성취와 같은 전통적 미국 가치를 약화시킨다고 강조했다.

이 조치는 미국 사회에서 '형평성 중심의 정책'을 둘러싼 논쟁을 '능력주의 중심의 가치 회복'이라는 새로운 국면으로 전환시켰다는 점에서 상징적인 의미를 갖는다.

AI로 번진 DEI 논쟁과 이념 편향 AI의 금지

　　AI 분야에서도 DEI를 둘러싼 논쟁이 확산되고 있다. AI는 데이터의 구성, 알고리즘 설계, 그리고 활용 방식에 따라 특정 가치관이나 정치적 성향을 반영할 수 있기 때문이다. 미국 보수 진영은 오랫동안 캘리포니아의 주요 기술 기업들이 진보적 관점을 내재한 AI 시스템을 개발해 왔다고 비판해 왔다.

　이러한 논의는 2025년 7월 23일 발표된 행정명령 「연방정부에서 Woke AI 방지」를 통해 공식화되었다. 이 명령은 이념적 편향이 없는 인공지능 모델만을 연방정부가 사용하도록 의무화하는 내용을 담고 있으며, DEI를 '가장 파괴적이고 광범위한 형태의 이념적 편견'으로 규정했다.

　트럼프 대통령은 해당 명령 서명 당시 '이제 미국 정부는 진실성, 공정성, 그리고 철저한 중립성을 추구하는 AI만을 다룰 것'이라며, 이른바 '워크Woke AI' 즉, 진보적 세계관이 내재된 인공지능 시스템은 워싱턴 D.C.에서 배제될 것이라고 밝혔다.

　이처럼 AI는 기술의 문제가 아닌 '가치와 문화의 전장戰場'으로 확장되고 있다. DEI와 AI의 결합은 단순한 알고리즘 설계를 넘어 미래 사회의 윤리·정치·문화적 방향성을 둘러싼 새로운 형태의 문화 전쟁으로 발전하고 있다. 결국 AI를 어떻게 설계하고 활용하느냐는 기술적 선택을 넘어 우리가 어떤 사회를 지향하느냐의 문제로 이어지고 있다.

기업 현장의 진실, DEI 피로감

이처럼 긴장된 사회 분위기 속에서 기업들은 DEI 정책에 점점 더 신중한 태도를 보이고 있다. 최근 연방정부의 행정명령은 '가장 차별적인 DEI 프로그램을 운영 중인 기관의 명단'을 작성하도록 규정했는데, 민간 기업들도 그 대상이 될 수 있다는 우려가 제기된다.

이와 같은 환경 속에서 구글은 DEI 채용 목표 정책을 공식적으로 철회했고, 메타와 아마존도 DEI 프로그램을 중단했다. 디즈니, 맥도날드, 포드, 타깃, 월마트 역시 자사 및 협력사 내 DEI 관련 프로그램을 재검토하거나 축소하는 흐름에 동참하고 있다.

경영계 일각에서는 DEI의 실효성에 대한 비판도 제기되었다. 한 벤처투자자는 블랙록의 ESG 투자 방식을 '비효율적이며 과도하게 정치화된 접근'이라고 평가했고, 메타 CEO 마크 저커버그는 회사에 더 많은 '남성적 에너지'가 필요하다고 언급하며 여성 및 성소수자 채용 목표 폐지를 선언했다. 이후 메타는 플랫폼 내 표현의 자유 확대를 명분으로 콘텐츠 관리 정책을 변경했다. 예컨대, 2025년 1월 공개된 발표문에서 '표현의 자유 회복'을 선언하며, 이제 미국 사용자들에게는 더 많은 발언의 공간을 제공하겠다고 밝혔다.

문제는 '차별'과 'DEI' 자체가 법적·정의적 경계가 모호한 개념이라는 점이다. 흑인 모임, 성소수자 모임, 동아시아 모임 등은 다양성 네트워크로 볼 수도 있지만, 동시에 특정 집단을 우대하거나 배제하는 차별적 구조로 해석될 여지도 존재한다.

이처럼 법적 불확실성이 커지면서 많은 미국 기업은 보수적으로 행동하는 모습이다. 그 결과 미국에서는 DEI 추진 피로감과 함께 제도적 후퇴 현상이 일부 나타나기도 한다.

미 연방 법무부의 '불법 차별' 지침서

'차별'과 'DEI'는 그 개념이 명확하게 구분되지 않아 혼란을 초래하는 경우가 많다. 이에 따라 미 연방 법무부는 2025년 7월 29일, 「불법적인 차별」 관련 지침서를 발행했다.  이 지침서는 연방 기금을 받는 기관에 한해 적용되지만, 어떤 행위가 '불법적인 차별'에 해당하는지를 판단하는 기준으로 참고할 수 있다. 지침서에서 제시한 '불법적 차별'로 간주되는 주요 사례는 다음과 같다.

- 인종·성별 등에 기반한 차별 금지: 예를 들어, 특정 인종(예: 흑인 학생)을 대상으로 한 우수 장학금, 인턴십, 멘토십 프로그램 등은 차별로 간주될 수 있다.
- 겉보기에는 중립적이지만 실질적으로 인종을 고려하는 기준: 다양성 또는 장애 극복 경험, 문화적 역량, 삶의 경험 등을 평가 기준으로 설정해 사실상 인종적 요소를 반영하는 경우.
- 인종 기반의 교육훈련 및 전용 공간 운영: 예를 들어, BIPOC^{Black, Indigenous, People of Color} 전용 프로그램이나 공간을 마련하는 것은 접근이 모든 사람에게 열려 있더라도 차별적 구조로 해석될 수 있다.

- 특정 집단을 우대하는 채용 정책: '다양성 인재 풀'을 의무적으로 확보하거나, 성별에 따라 계약이나 승진에서 우대를 제공하는 정책 등.
- 적대적 근무 환경을 조성하는 DEI 교육: 직원들에게 '모든 백인은 특권을 타고났다'거나 '해로운 남성성toxic masculinity'과 같은 표현이 포함된 DEI 훈련을 강제로 이수하게 하는 경우.

이 지침서는 '형평성 실현'과 '차별 금지' 사이의 경계가 얼마나 복잡한가를 보여준다. 동시에 DEI 추진 과정에서 법적 리스크를 피하기 위한 실무적 가이드라인 역할도 할 것으로 보인다.

뒤바뀐 시대의 역설, DEI를 둘러싼 혼란

지금의 기업인들은 혼란스러운 상황에 놓여 있다. 불과 몇 년 전까지만 해도 사회는 기업이 DEI 정책을 적극적으로 추진해 사회 문제 해결의 주체가 되어주길 기대했다. 그러나 트럼프 행정부 출범 이후 분위기는 완전히 달라졌다. DEI가 '불법적이며 차별적이고 비윤리적인 정책'으로 규정되며, 불과 몇 해 사이에 사회적 인식이 정반대로 뒤집힌 것이다.

이러한 혼란의 이면에는 DEI라는 개념 자체의 내적 모순이 존재한다는 지적도 있다. 다양성을 확대하기 위해 한 사람을 추가하면 다른 한 사람이 배제될 수 있고, 이는 형평성과 포용성의 가치와 충돌할 수 있다는 것이다.

무엇보다 아이러니한 점은 약 60여 년 전 흑인 민권운동 시기에 외쳤던 '차별 반대'의 구호가 이제는 소수자 인권 정책으로 추진된 DEI를 비판하는 논리로 되돌아왔다는 사실이다. 역사는 종종 진보의 이름으로 출발한 가치가 또 다른 형태의 논쟁과 갈등을 낳는 과정을 반복해 왔다.

파격적이면서도
지극히 정상적인 연설

2025년 9월 30일, 버지니아주 콴티코Quantico 기지에서는 전 세계 미군 주요 지휘관들이 한자리에 모였다. 트럼프 대통령의 연설에 앞서 미국 전쟁부Department of War(국방부의 새로운 명칭) 장관 피트 헤그세스Pete Hegseth가 단상에 올랐다. 그의 연설은 한마디로 '군대에서 이념과 정치를 배제하겠다'는 선언이었다. 《오호츠크 리포트Okhotsk Report》의 한 댓글은 이 연설에 대해 '파격적으로 들리지만 실은 지극히 정상적인 이야기'라고 평했다.

다음은 연설의 주요 발언 중 인상 깊은 부분이다.

"우리는 오랫동안 잘못된 이유로 너무 많은 리더를 진급시켜 왔습니다. 인종, 성별 할당, 혹은 '역사상 최초'라는 이유 때문이었습니다. 이제 우리는 '최초'가 아니라 '최고'의 리더 아래에서 복무하기를 원합니다. 전쟁부에서는 모든 진급이 오직 실력으로 결정됩니다. 인종과 성별은 고려되지 않으며, 오직 능력만이 기준입니다. 기준은 높고 공정하며, 모두에게 동일합니다."

"전쟁은 당신이 남성인지 여성인지 묻지 않습니다. 적도, 낙하물의

무게도, 전장에서 운반해야 할 시신의 무게도 성별도 개의치 않습니다. 따라서 전투 수행에 필요한 직무는 성별에 관계없이 동일한 신체 기준을 적용해야 합니다. 여성이 그 기준을 통과하면 훌륭한 일입니다. 통과하지 못한다면 어쩔 수 없습니다. 남성이라도 기준을 충족하지 못하면 마찬가지입니다."

"지난 세대의 장군과 제독들은 '곧 우리의 다양성이 우리의 힘'이라는 구호를 외치도록 강요받았습니다. DEI와 LGBTQI+ 관련 성명서를 발표해야 했고, 그 과정에서 군의 본질이 흐려졌습니다. 우리 행정부는 취임 첫날부터 사회정의, 정치적 올바름, 그리고 군을 분열시킨 이념적 요소를 제거하는 일에 착수했습니다. 이제 '정체성 기념의 달Identity Months' 행사도, DEI 사무실도, 군복 대신 드레스를 입은 남자도 없습니다. 기후 변화 숭배도, 젠더 논쟁도, 산만함도 없습니다."

이 연설은 한편으로는 '상식의 회복'이라는 평가를, 다른 한편으로는 '퇴행적 발언'이라는 비판을 동시에 불러일으켰다. 이는 DEI를 둘러싼 미국 사회의 가치 갈등이 얼마나 첨예한지를 보여주는 단적인 사례다.

6장

잃어버린 자부심
백인은 언제부터 소수자가 되었나

사회의 중심이었던 백인 노동자들은 이제 보이지 않는 소수자가 되었다. 글로벌화의 물결 속에서 그들은 일자리와 자부심을 함께 잃었다. 트럼프는 이들을 '상처받은 자존심의 민중'으로 부르며 분노를 결집시켰다.

'인종 다양성'은 국가 전략이지만, 그 안에는 정체성 상실의 그림자가 있다. 6장은 인종의 문제가 아니라, 자존심의 전쟁을 다룬다.

역차별의 시대, 소박한 꿈을 꾸는 백인 노동자들

> "현재 미국은 역사상 전례가 없는 순간에 직면해 있다. 최초로 백인이 '자신의 나라'에서 소수자가 될 전망에 처한 것이다."
> - 에이미 추아Amy Chua, 『정치적 부족주의Political Tribes』 중에서

역사적으로 미국에서 대표적인 소외 집단은 흑인이었다. DEI 담론 속에서도 흑인은 '소수자이자 피해자'인 반면, 백인은 '다수자이자 주류'로 규정되어 왔다. 그러나 최근 들어 상황이 달라지고 있다. 오랜 시간 침묵하던 다수의 백인이 반PC, 반 DEI 흐름에 동참하며, 자신들이 더 이상 특권층이 아니라 '새로운 피해자'라고 주장하기 시작한 것이다.

무엇이 이러한 인식 전환을 불러왔을까? 이 현상을 이해하

려면 미국 사회의 구조적 변화와 정책적 배경, 그리고 그 속에서 백인 중산층이 겪은 경제적·문화적 불안의 누적 과정을 먼저 살펴볼 필요가 있다.

미국의 국가 전략과 인종 다양성

대부분의 국가는 하나의 혈통적 뿌리를 이룬다. 이는 곧 공동의 역사, 문화, 전통을 의미한다. 그러나 미국은 다르다. 미국은 '피로 연결된 나라'가 아니라 '미래로 연결된 나라'다. 미국인들은 우리는 같은 조상을 가진 민족이 아니라 같은 미래를 향해 나아가는 국민이라는 인식을 바탕으로 형성된 공동체다.

예를 들어, 할아버지는 영국인, 할머니는 이탈리아인, 작은할아버지는 폴란드인, 작은할머니는 독일인이라 해도, 그들의 손자 세대는 모두 미국인이다. 그래서 '한국계 미국인', '일본계 미국인', '인도계 미국인'은 자연스럽지만, '일본계 한국인'이나 '인도계 일본인'은 어색하게 들린다.

하지만 서로 다른 과거가 현재의 분열로 이어질 때, 미국은 더 이상 '공통의 미래'를 함께 그리기 어렵다. 실제로 인종 문제는 과거부터 현재까지 미국 사회를 불안하게 만드는 가장 중요한 내부 요인이었다. 흑인 인권운동과 인종 갈등, 도시 폭동은 모두 이 문제의 연장선에 있다.

이러한 구조적 불안 때문에 미국은 일찍부터 '인종 다양성'을 국가 전략 차원에서 추진해 왔다.* 대표적인 예가 소수 인종 우대 정책으로 대학 입시나 공공기관 채용에서 인종적 형평성을 고려하는 제도다. 따라서 DEI는 미국 사회에 갑작스럽게 등장한 사회적 담론이 아니라, 오랜 기간 축적된 국가적 과제의 연장선이라 할 수 있다.

그럼에도 불구하고 많은 백인은 이 같은 '다양성' 중심의 흐름을 복잡하고 불편한 시선으로 바라보았다. 그들은 흑인에 대한 역사적 책임과 도덕적 의무감 때문에 오랫동안 침묵을 지켜왔지만, 최근 들어 분위기가 달라지고 있다. 오랜 세월 말을 아끼던 백인들이 점차 목소리를 내기 시작했고, 균형이 지나치게 한쪽으로 기울었다고 느끼는 이들도 늘어나고 있다.

• 『ESG 도전과 응전』 310쪽, 「서구에서 논의되는 'S'는?: 유럽은 인권, 미국은 다양성」 참고.

가난한 백인, 침묵한 다수의 분노

2011년 발표된 한 연구에 따르면, 미국 백인의 절반 이상이 '이제는 흑인이 아니라 백인이 차별의 주요 피해자가 되었다'고 인식하는 것으로 나타났다. 또한 PRRI^{Public Religion Research Institute}의 조사에서도 전체 백인의 57%, 백인 노동자 계급의 66%가 '오늘날 백인에 대한 차별이 흑인이나 다른 소수 집단에 대한 차별만큼 심각한 문제'라고 답했다.

백인들은 대학의 소수자 우대 정책으로 인해 역차별을 받고 있다고 느낀다. 공화당 성향이 강한 주의 노동자 계급 백인층은 미국 명문대에서 인구 비율 대비 가장 적은 비중을 차지하는 집단이다. 예를 들어, 2019년 예일 로스쿨 졸업반 200여 명 중, 저소득층 출신 백인은 단 3명에 불과했다. 그러나 그해 졸업반은 학교 역사상 '가장 다양한 인종 구성을 가진 기수'로 평가되었다.

직장에서도 상황은 비슷하다. 코네티컷주 소방청 사례에서는 DEI 정책의 일환으로 흑인 소방관 승진을 추진했다. 그러나 승진시험에서 백인 소방관들은 높은 점수를 받은 반면, 흑인 소방관 중에서는 합격자가 한 명도 나오지 않았다. 이에 시

당국은 승진 절차 자체를 백지화했다. 이 사건은 백인 근로자들 사이에서 '공정한 경쟁 기회가 사라졌다'는 불만을 확산시켰다.

백인들은 자녀 세대의 미래에 대해서도 비관적인 전망을 보인다. 한 설문 조사에 따르면, 백인 응답자의 24%만이 자녀가 자신보다 더 나은 삶을 살 것이라고 답했다. 반면, 흑인 49%, 히스패닉계 62%는 자녀 세대의 삶이 더 나아질 것이라고 낙관했다.

이러한 수치는 한때 '다수자'로 불리던 백인들이 느끼는 상대적 박탈감과 정체성의 혼란, 그리고 그로 인한 '침묵한 다수의 분노'를 단적으로 보여준다.

한 DEI 교육 현장에서 흑인 여성 강사가 "모든 백인은 인종차별주의자이며, 백인은 인간으로 태어나지 않았다."라고 발언해 논란이 일었다. 당시 강의 자료 일부에는 백인을 '억압의 주체이자 도덕적으로 열등한 존재'로 묘사한 내용도 포함되어 있었다.

이 사례는 DEI가 본래의 취지인 상호 이해와 포용의 증진을 넘어 특정 인종을 '가해자' 혹은 '피해자'로 고정시키는 방식으로 변질될 위험성을 보여준다. 실제로 일부 비평가들은 이러한 교육이 오히려 편견과 분열을 강화할 수 있다고 우려하며, DEI 프로그램의 객관성·균형성·윤리적 기준에 대한 재검토를 요구하고 있다.

> 덜 백인이라는 것은
> 덜 압제적이고,
> 덜 오만하고,
> 덜 위압적이고,
> 덜 방어적이고,
> 덜 무지하고,
> 더욱 겸손한 것이다.
> 백인 연대를 끊어내자.
>
> To be less white is to:
> - be less oppressive
> - be less arrogant
> - be less certain
> - be less defensive
> - be less ignorant
> - be more humble
> - break with white solidarity

흑백의 대문자 논쟁

　AP통신Associated Press의 편집 지침서는 인종 표기와 관련해 흑인을 지칭할 때는 대문자 'Black', 백인을 지칭할 때는 소문자 'white'를 사용하도록 권고하고 있다. 그 이유에 대해 AP통신은 '백인은 일반적으로 피부색 때문에 차별받은 경험이나 공통된 역사·문화를 공유하지 않는다'고 설명했다. 그러나 이러한 지침은 일각에서 인종 간 역차별 논란을 불러일으켰다.

사람들은 자신이 속한 집단이 고유한 가치를 지니고 있으며, 그에 대해 자부심을 느낄 수 있기를 원한다. 지난 수십 년간 미국 사회는 흑인, 아시아계, 히스패닉계, 유대인 등 다양한 소수 집단이 자신의 인종적·문화적 정체성을 바탕으로 연대하고 자긍심을 가질 수 있도록 장려해 왔다. 반면, 백인 미국인은 백인 정체성에 대해 자부심을 드러내는 것이 부적절하다는 사회적 압력을 받아 왔다.

오늘날 일부 보수 진영에서는 '지구상에서 가장 비난받는 존재는 비동성애자 백인 남성'이라는 자조적인 표현까지 등장했다. 이러한 분위기는 정체성 정치의 부작용과 더불어 '누가 자부심을 가질 자격이 있는가'를 둘러싼 새로운 사회적 갈등을 보여준다.

보이지 않는 백인, 중산층의 몰락과 낙인

우리가 미국의 백인을 떠올릴 때, 흔히 미드(미국 드라마)에 나오는 주인공들을 생각한다. 도심의 고층 빌딩에서 근무하며 세련된 정장을 입고 등장하는 사람들, 그들은 월스트리트와 할리우드를 상징하는 인물들이다. 그러나 연안 대도시를 벗어나 미국 중부로 들어가면 전혀 다른 얼굴의 백인들을 만나게 된다.

그들은 평범하고 검소한 옷차림으로 작은 마을에서 가족과 함께 소박한 삶을 살아간다. 많은 주민이 해외에 한 번도 나가본 적이 없으며, 대도시의 부유함이나 화려함과는 거리가 멀다. 이들 중 상당수는 노동자 계층의 백인으로, 다른 인종 집단에 비해 실업률과 약물 중독률이 높고, 특히 고졸 이하 백인의 기대수명이 감소하는 현상까지 나타나고 있다. 이는 다른 어떤 인구 집단에서도 보기 드문 사회적 이상 신호다.

가난한 백인 가정의 아이들은 교육 기회에서도 불리하다. 사교육은 꿈도 꾸기 어렵고, 대학 진학률 역시 낮다. 하지만 이들은 특권층과는 거리가 먼 현실에도 불구하고, 사회가 자신들을 '문제 집단' 혹은 '도덕적으로 타락한 계층'으로 본다고 느낀다. 그들이 체감하는 사회의 시선은 냉혹하다.

당시 미국 사회 일각에서는 가난한 백인 노동자를 경제적으로는 사회의 짐이며, 도덕적으로는 변명의 여지가 없는 존재, 그리고 비참함과 절망만을 남기는 계층으로 보는 시각이 확산되어 있었다.

이런 인식은 가난한 백인 노동자층이 사회적으로 낙인찍히는 현실을 상징한다. 그들은 더 이상 미국의 주류가 아니며, '보이지 않는 소수자'로 전락한 자신들의 위치에 깊은 상실감과 분노를 느끼고 있다.

『힐빌리의 노래』가 담아낸 가난한 백인의 초상

미국 부통령 J.D. 밴스J.D. Vance의 회고록 『힐빌리의 노래Hillbilly Elegy』는 미국 중서부의 가난한 백인 노동자 계층 이른바 '힐빌리'의 삶을 생생하게 그려낸 작품이다. 그는 책에서 이렇게 말한다.

> "중서부의 가난한 집에서 태어난 아이들의 미래는 비참하다. 운이 좋으면 기초수급자 신세를 면하는 정도이고, 운이 나쁘면 헤로인 과다 복용으로 생을 마감한다. 내 고향의 작은 마을에서도 지난해에만 수십 명이 그렇게 세상을 떠났다."

밴스는 자신이 태어난 가정을 '가난한 백인 노동자 집안'으로 설명한다.

> "나는 백인이지만, 북동부의 주류 지배 계층인 와스프WASP: White Anglo-Saxon Protestant는 아니다. 나는 스코틀랜드계 아일랜드인의 피를 이어받았고, 대학 교육을 받지 못한 수백만 백인 노동자 계층의 자손이다. 우리에게 가난은 일종의 가풍이었다. 조상들은 남부의 노예제 시절 날품팔이로 시작해 소작농과 광부로 살았고, 오늘날엔 기계공이나 육체노동자로 생계를 유지한다. 미국인들은 이런 사람들을 힐빌리Hillybilly, 레드넥Rednecks, 화이트 트래시White Trash라 부르지만, 나는 이들을 이웃이자 친구, 그리고 가족이라 부른다."

이 인용문은 '백인 중산층의 몰락'이 단순한 경제 문제가 아니라, 정체성과 자존심의 붕괴와도 깊이 연결되어 있음을 보여준다. 밴스의 서사는 오늘날 미국 사회에서 잊힌 백인 노동자들의 절망과 분노가 어떻게 정치적 에너지로 전환되는지를 이해하는 중요한 단초가 된다.

쪼그라드는 백인, 백인 소수 인종?

현재 미국은 역사상 유례없는 인구학적 전환점을 맞이하고 있다. 한때 절대다수를 차지했던 백인(비히스패닉계)이 머지않아 '자신들의 나라'에서 소수 인종이 되는 시대를 앞두고 있는 것이다.

이미 텍사스와 캘리포니아주에서는 백인이 인구의 절반을 밑돌고 있으며, 뉴멕시코, 하와이, 워싱턴 D.C. 등에서도 동일한 현상이 나타나고 있다. 미국 인구조사국의 예측에 따르면, 2045년에는 비히스패닉계 백인 인구 비율이 49.73%로 하락해 역사상 처음으로 백인이 전체 인구의 절반 이하로 감소할 것으로 전망된다.

연령별 구성 비율을 보면 이 추세는 더욱 뚜렷하다. 2020년 인구조사 결과, 18세 미만의 미국 아동 중 절반 이상이 비백인으로 조사되었다. 다시 말해 미국의 미래 세대는 이미 '백인이 다수인 사회'가 아닌 다인종 사회로 진입한 셈이다. 이러한 변화는 단순한 인구통계상의 현상이 아니라, 미국의 정체성과 사회 통합을 둘러싼 근본적 질문을 던진다.

"백인은 이제 어떤 위치에서 '미국인'이라는 이름을 정의할 것인가?"

이것이 오늘날 미국 사회가 직면한 새로운 도전이다.

연령	백인 비율 (히스패닉계 제외)
75세 이상	77.1%
65~74세	73.1%
55~64세	66.9%
45~54세	58.7%
35~44세	54.5%
25~34세	52.7%
18~24세	50.5%
5~17세	47.4%
0~4세	47%

| 출처: https://vvd.bz/oVi 《연합뉴스》, 2023년 8월 8일. '미국은 백인 국가? 20년이면 옛말 된다… 인구 과반, 유색인종으로'

뭉치는 백인 서민층,
작용과 반작용의 정치학

　　백인 서민층은 자신들이 '자유와 기회의 나라, 위대한 미국'을 세운 주역이라는 자부심을 지니고 있다. 이들은 조상 세대의 피와 땀으로 미국이 세계 최강국이 되었다고 믿는다. 그러나 오늘날 수천만 명의 백인은 사회가 '백인적 가치'를 악마화하고 있다고 느낀다. 자신들이 점점 사회적 중심에서 밀려나고, '배제된 다수'로 취급된다고 생각하는 것이다.

　　경제적 현실도 녹록지 않다. 산업 구조가 바뀌고 일자리가 줄면서 많은 이가 도태감과 절망감에 빠져 있다. 그들은 사회의 주류가 백인들에게 '기득권을 내려놓으라'고 요구한다고 느끼며, 정작 기득권층이 아닌 평범한 백인 서민들까지 죄의식을 강요받는다고 생각한다. 과거 흑인들이 피부색으로 차별

받았다면, 오늘날 백인들은 같은 이유로 공격받고 있다는 인식이 퍼져 있다. 이러한 감정은 결국 집단적 결집으로 이어졌다. 과도한 PC와 DEI 정책, 전통과 제도에 대한 비판이 거세지자 백인 서민층은 반발의 에너지로 뭉치기 시작했다.

이는 단순한 정치 현상이 아니라 심리적 작용과 반작용의 법칙이다. 미국 부통령 벤 존스의 말처럼 트럼프의 승리는 어떤 의미에서 보면 백인들의 집단적 반발이었다. 트럼프의 부상은 그들의 상실된 자존심이 정치적 힘으로 전환된 결과를 상징한다.

상처받은 자존심, 밀려든 수치심

『도둑맞은 자부심Stolen Pride: Loss, Shame, and the Rise of the Right』은 석탄 산업이 주된 생계 기반이던 켄터키주 애팔래치아 산맥 지역의 백인  노동자 계층이 어떻게 트럼프 지지층으로 결집하게 되었는지를 분석한 연구서다. 이 지역은 미국 435개 선거구 중 가난한 정도로는 두 번째, 백인 비율로는 가장 높은 곳이다. 실제로 이곳의 트럼프 지지율은 2016년, 2020년, 2024년 대선에서 모두

80%를 넘었다.

대표적인 탄광 도시인 파이크빌은 1980년대까지만 해도 부유한 지역이었다. 당시 고등학생이 독일산 고급차를 몰고 다닐 정도였으며 주민들의 자부심도 높았다. 그러나 1990년대 이후 석탄 산업이 급격히 쇠퇴하면서 지역 경제가 무너졌고, 주민들은 빈곤층으로 전락했다. 자부심은 추억이 되었고, 『힐빌리의 노래』가 묘사하듯이 마약 중독과 절망이 일상으로 번졌다.

미국 사회는 개인주의적 성향이 강해 성공도 실패도 개인의 책임으로 돌리는 문화가 깊이 뿌리내려 있다. 이러한 분위기 속에서 몰락한 지역 주민들은 경제적 실패를 도덕적 수치로 내면화했고 자기 탓이라 여겼다. 바로 그때 트럼프가 그들의 심리를 건드렸다.

> "이 모든 것은 당신들의 잘못이 아닙니다. 민주당, 이민자, 무슬림, 소수자들이 당신들의 자부심을 빼앗아 갔습니다."

이 메시지는 수치심에 갇혀 있던 백인들의 분노를 정치적 결집으로 바꾸는 촉매제가 되었다. 심리학적으로도 좌절은 공격으로, 불운은 희생양 찾기로 전환된다는 연구 결과가 있다. 트럼프의 언어는 바로 그 감정의 방향을 정확히 짚은 것이다.

결국 『도둑맞은 자부심』은 트럼프 현상을 단순한 정치적 사건이 아니라 '잃어버린 자부심과 내면화된 수치심의 반란'으로 해석한다.

-출처: 《중앙일보》, 2025년 8월 23일 기사.

7장

성性의 경계선
선택인가, 운명인가

트럼프에게 성性은 인간의 본질이며, 젠더는 사회가 만든 환상이다. 그의 선언 '세상에는 남자와 여자만 있다'는 오늘날의 금기를 정면으로 건드렸다. '화장실 전쟁'과 트랜스젠더 논란은 이미 오래 전부터 미국의 가치 전쟁이 되었다. 자유와 인권을 내세운 젠더 담론은 평등을 말하지만, 또 다른 억압을 낳기도 한다. 캘리포니아의 법과 기업 캠페인은 그런 '관용의 과잉'을 상징한다.
7장은 인간의 정체성이라는 가장 내밀한 영역까지 확장된 ESG 문화 전쟁의 최전선을 다룬다.

'화장실 법'에서 시작된 미국의 젠더 전쟁

"남성과 여성은 다르다'는 말은 본래 상식에 속한다. 그러나 오늘날 미국에서는 이러한 발언이 '편견', '도발', 혹은 '허위 주장'으로 비난 받기도 한다. 젠더 논쟁이 과열된 지금, 상식이 이념의 검증대에 오르고 있다."

-2025년 9월, ○○ 미국 고등학교 교사의 말*

- Unisex restroom은 남녀가 함께 사용하는 공용 화장실을 의미한다. 비행기 내 화장실처럼 성별 구분 없이 이용할 수 있는 구조를 떠올리면 된다. 남성 전용 소변기가 없어 모든 이용자가 칸을 사용해야 하므로, 이용 시간이 길어지고 회전율이 낮아 다소 혼잡해질 수 있다.

2016년, 미국 노스캐롤라이나주의 '화장실 법' 논란은 오늘날의 젠더 갈등을 이해하는 핵심 사건으로 꼽힌다.

논란의 발단은 샬럿시의회가 2016년 2월 통과시킨 조례였다. 조례는 트랜스젠더가 자신의 성 정체성에 맞는 화장실과 탈의실을 사용할 수 있도록 허용했다. 즉, 생물학적으로 남성이더라도 스스로를 여성으로 인식하면 여성 화장실을 이용할 수 있다는 내용이었다.

보수 단체와 정치인들은 이를 여성과 아동의 안전을 위협하는 조치로 규정하며 강하게 반발했다. 곧바로 노스캐롤라이나 주의회는 조례를 무효화하는 HB2 법을 제정했다. 이 법은 공공시설의 화장실 이용을 출생증명서에 명시된 성별에 따르도록 의무화했으며, 따라서 성전환을 한 트랜스젠더도 여전히 생물학적 성별에 해당하는 화장실을 사용해야 한다.

이에 당시 오바마 행정부는 HB2 법안을 연방 민권법 위반으로 지목하며 법 개정 또는 폐지를 요구했다. 연방정부는 이를 거부할 경우 주정부를 상대로 한 법적 조치와 연방 교육지원금(연간 약 42억 달러) 중단을 경고했다. 반면, 노스캐롤라이나 주정부와 공화당 의원들은 '연방법무부가 근거 없이 월권행위를 하고 있다'며 소송을 제기했다.

연방 법무부의 로레타 린치 장관은 이에 대응해 '차별에 맞서 싸우겠다'고 선언하며 주정부를 상대로 맞소송을 제기했다. 이로써 '화장실 법'은 단순한 지역 이슈를 넘어 성소수자 인권과 주 자치권, 그리고 연방 권한의 충돌로 확대되었다.

기업과 문화계도 이에 반응했다. 페이팔은 노스캐롤라이나에 계획했던 신규 운영센터 설립(약 400개 일자리)을 철회했고, 세일즈포스·애플·구글 등 대기업들도 HB2 반대 성명을 냈다. 브루스 스프링스틴, 링고 스타, 펄 잼, 마룬5 등은 공연을 취소하며 문화적 보이콧에 동참했다. 미국대학체육협회NCAA 역시 주 내 주요 경기를 다른 지역으로 이전했다.

결과적으로 HB2 논란은 노스캐롤라이나 주에 상당한 경제적 손실을 초래했을 뿐 아니라, 미국 사회 전체가 젠더 문제를 어떻게 인식하고 다뤄야 하는가에 대한 근본적 질문을 제기하는 계기가 되었다.

HB2 법을 둘러싼 갈등은 이후 다른 주들에도 직접적인 파급 효과를 미쳤다. 2025년 3월 기준, 캔자스와 사우스캐롤라이나를 포함한 17개 주에서 '생물학적 성별과 다른 화장실 사용을 금지하는 법안'이 통과되었다. 더 나아가 플로리다와 유타주는 이를 한 단계 강화해 위반 시 형사 처벌이 가능한 범죄 행위로 규정했다.

이처럼 2016년 노스캐롤라이나의 '화장실 법' 논란은 단일 사건을 넘어 성별 정체성과 공공 질서, 개인의 권리와 사회적 기준을 둘러싼 전국적 입법 흐름의 기점이 되었다.

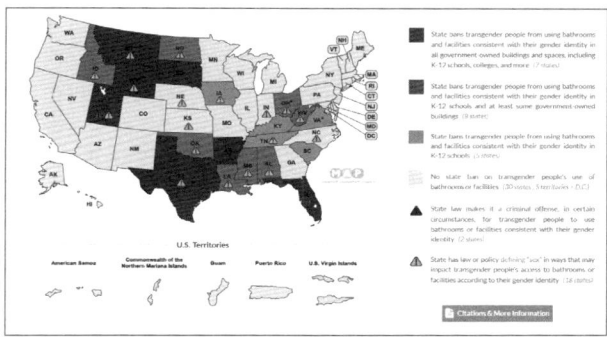

| 출처: lgbtmap.org 웹사이트 https://buly.kr/ EI4ZeHm

기업의 정치적 논쟁 참여와 1792 익스체인지의 등장

미국의 성 정체성 논란을 보면 한국에서는 좀처럼 보기 어려운 특징이 있다. 기업이 정치적 논쟁에 직접 개입한다는 점이다. 사회적으로 민감한 정책이나 법안에 대해 기업이 공식 입장을 밝히거나 행동으로 입장을 표명하는 것은 한국에서는 거의 상상하기 어렵다.

예를 들어, 어느 대기업이 '우리는 ○○도의 성 정체성 정책에 반대하므로 그 지역에 투자하지 않겠다'고 선언하거나, 대한체육회가 '이념이 다르다'는 이유로 특정 지역에서 전국체전을 개최하지 않겠다고 밝히는 일은 현실적으로 불가능하다.

이처럼 기업의 정치 참여에 대한 논란이 커지자, 이에 대한 반 운동으로 '1792 익스체인지Exchange'라는 단체가 등장했다. 이들은 '기업은 본연의 임무인 사업에 집중하고, 정치적 사안에는 개입하지 말라'고 주장했다.

1792 익스체인지는 정치적 성향이 강한 기업들을 평가해 '기업 편향 등급'을 매기고, 그 결과를 웹사이트에 공개한다. ESG 평가기관이 기업의 지속 가능 경영을 점수화하듯이 이 단체는 DEI 정책 도입 여부, 표현의 자유 보장 수준, 정치적 편향성과 개입 정도 등을 기준으로 기업의 정치적 중립성을 평가한다.

문제는 동일한 행동이라도 한쪽에서는 '용기 있는 사회적 책임'으로 칭찬받고, 다른 한쪽에서는 '이념적 편향'으로 비판받는다는 점이다. 이처럼 가치 기준이 극단적으로 분열된 사회에서는 기업이 어느 쪽에 서더라도 비난을 피하기 어려운 시대가 되었다.

결국 오늘날 미국 기업들은 '이익을 추구하는 기업 시민인가, 사회적 이념을 실천하는 주체인가'라는 정체성의 딜레마 속에 서 있는 셈이다.

| 출처: 1972Exchange 웹사이트https://buly.kr/7QN1OVD

성소수자 천국, 캘리포니아의 젠더 입법 역사

앞서 살펴본 것처럼 미국에서는 성 정체성을 둘러싼 논쟁이 여전히 뜨겁다. 그 가운데 성소수자 권리 보호를 위한 입법 활동에 가장 적극적인 주州 중 하나가 바로 캘리포니아주이다.

캘리포니아는 전통적으로 민주당 우세 지역으로 정치적·사회적으로 진보적인 성향을 보여 왔다. 공화당 소속 아놀드 슈워제네거 전 주지사 이후로는 2011년부터 10년 이상 민주당 주지사가 연이어 재임하며 성소수자 권리 강화를 위한 다양한 법률과 제도적 조치를 추진해 왔다. 이러한 배경 속에서 캘리포니아는 오늘날 미국 내에서 트랜스젠더와 성소수자 권리 입법의 선도 주로 평가받고 있다.

2025년 2월, 미국 캘리포니아주 샌디에이고의 항공모함 박물관 옆 공원에서 촬영된 사진에는 미국 성조기와 나란히 휘날리는 무지개 깃발이 있다. 무지개 깃발은 성소수자 운동의 상징으로 오늘날 캘리포니아가 성소수자 권리 보호의 중심지

로 자리 잡았음을 상징적으로 보여준다.

캘리포니아주는 지난 수년간 트랜스젠더와 성소수자의 권리를 보장하는 다양한 입법 조치를 꾸준히 추진해 왔다. 주요 법률을 연도별로 살펴보면 다음과 같다.

연도	법률	내용
2013	AB 1266 (트랜스젠더 학생 존중법)	• 공립학교의 트랜스젠더 학생들에게 자신이 인식하는 성별에 따라 화장실, 샤워실, 탈의실 사용 권리 부여 • 성별이 분리된 스포츠 팀에 자신이 인식하는 성별을 기준으로 가입 가능
2020	AB 2218	• 성전환을 원하는 미성년자에게 성호르몬 투여를 하는 성전환 치료를 합법화
2021	AB 1084	• 캘리포니아의 모든 백화점은 성 중립 용품이나 장난감 판매 코너를 의무적으로 배치
2023	SB 960	• 모든 학교에 성 중립 화장실 설치 의무화
2023	SB 107 (미성년자의 성전환 수술 법안)	• 캘리포니아뿐 아니라 성 발달 억제 치료나 성전환 관련 약물, 수술을 제한하는 다른 주에 거주하는 미성년자들도 부모에게 동의를 받지 않을 뿐 아니라 부모에게 알리지 않고도 캘리포니아에서 성전환 수술을 할 수 있음
2024	AB 1955 (트랜스젠더 학생보호법)	• 학교가 학생의 성 정체성을 학부모에게 알리지 못하도록 하는 내용

이러한 일련의 법률 제정은 캘리포니아주가 미국 내에서 트랜스젠더 권리 보호의 선도적 역할을 하고 있음을 잘 보여준다. 특히 2013년에 통과된 AB 1266 법안 School Success and Opportunity Act은 미국 50개 주 가운데 트랜스젠더 학생의 권리를 포괄적으로 보장한 첫 번째 법안으로 평가된다.

이 법안은 캘리포니아주 공립학교에서 학생이 자신의 성 정체성에 따라 화장실, 탈의실, 체육 활동 등에 참여할 수 있도록 보장하는 내용을 담고 있다. 즉, 학생의 자기 정체성에 기반한 학교생활권을 제도적으로 보호한 것이다.

이 법은 학생의 성 정체성에 따른 자율성을 존중하고, 소수자 보호를 강화하려는 취지에서 제정되었다. 그러나 일각에서는 이러한 법이 다수 학생의 권리와 안전을 침해하거나 역차별로 이어질 수 있다는 우려도 제기된다. 예컨대, 법적 보호 아래 생물학적으로는 남성이지만 자신을 여성으로 동일시하는 사람이 여성 탈의실이나 화장실을 이용할 경우, 이를 전적으로 허용해야 하는가에 대한 사회적 논쟁이 제기되고 있다. 이러한 상황은 일부 사람들에게 심리적 불안감이나 불편함을 초래할 수 있다는 지적도 나온다.

뉴욕의 한 한인 목욕탕에서는 생물학적으로 남성이지만 스스로를 여성으로 인식하는 사람이 여탕을 반복적으로 이용해 일부 손님들이 불안감을 호소한 사례가 있었다고 전해진다. 현지 법률상 이를 제지하기가 쉽지 않아 결국 해당 업장은 문을 닫았다. 유사한 문제는 로스앤젤레스 지역의 한국식 사우

나와 찜질방에서도 발생하고 있으며, 시 당국은 사생활 보호와 인권 문제의 복잡성을 이유로 적극적인 개입을 주저하는 분위기다.

보수 성향의 부모들은 성 정체성과 같은 민감한 주제는 가정 내에서 다뤄져야 한다고 주장한다. 이들은 부모의 양육권이 자녀의 가치관 형성과 성적 정체성 교육을 결정할 권리를 포함하고 있음에도 정부가 개입함으로써 오히려 자녀의 혼란을 가중시키고 있다고 비판한다.

또한 일부 부모들은 성에 대한 이해가 충분히 성숙하지 않은 미성년자가 내린 성급한 결정이 평생의 후회와 고통으로 이어질 수 있음에도 정부가 이를 무비판적으로 허용하거나 조장하는 것은 책임 있는 태도가 아니라고 지적한다. 즉, 보호의 이름으로 자율을 과도하게 앞세우는 정책이 가정의 역할과 부모의 권리를 약화시키고 있다는 우려다.

캘리포니아는 태생적으로 다양성이 응축된 땅이었다. 골드러시 시기, 전 세계에서 몰려든 이민자와 노동자들이 모여들며 자연스럽게 다인종·다문화의 토대가 형성되었다. 이러한 역사적 배경 덕분에 비교적 개방적이고 자유로운 도시 문화가 자리 잡았다.

2차 세계대전 이후, 샌프란시스코의 해군 기지 주변에는 제대하거나 해고된 동성애자 군인들이 정착하며 공동체를 이루었다. 이어 매카시즘 시기에는 탄압을 피해 도망친 예술가와 성소수자들이 이곳으로 모여들며, 샌프란시스코는 '다름'을 포용하는 공간으로 변모했다.

　1970년대, 하비 밀크Harvey Milk의 정치 진출과 그의 비극적인 암살은 오히려 성소수자 인권운동의 결집을 촉발했다. 그 후 캘리포니아는 동성결혼 합법화, 트랜스젠더 권리 보장 등 미국 내에서 가장 진보적인 입법을 선도했다. 또한 실리콘밸리와 헐리우드가 주도하는 혁신 산업과 콘텐츠 산업은 '다양성'을 경쟁력으로 내세웠다. 이 과정에서 성소수자는 단순한 보호 대상이 아니라 사회와 기업이 함께 인정하는 구성원으로 자리 잡았다.

　대표적인 샌프란시스코 프라이드SF Pride 축제는 도시의 정체성을 상징하며, 지역 경제와 관광 산업에도 큰 영향을 미쳤다. 결국 캘리포니아는 '다름을 두려워하지 않는 곳'이라는 정체성을 스스로 구축했다. 이곳에서 성소수자는 생존을 넘어 존엄과 자긍심을 누릴 수 있는 사회적 존재로 자리매김하게 되었다.

남자와 여자만 있다, 트럼프의 행정명령

트럼프 대통령은 취임식 당일, 「극단적 젠더 이데올로기로부터 여성을 보호하기 위한 행정명령」에 서명했다.  그는 생물학적으로 남성과 여성이라는 두 가지 성별만 존재하며, 젠더는 사회적으로 만들어진 '거짓된 정체성'이라고 주장했다.

행정명령 제1조는 젠더 개념의 문제점을 지적한다. 젠더 이론에 따르면, 자신을 여성으로 인식하는 남성은 여성 보호소나 탈의실, 샤워실 등 여성의 사적 공간에도 접근할 수 있다. 트럼프 행정부는 이러한 상황이 여성의 존엄성과 안전, 그리고 복지를 침해할 수 있다고 판단했다. 다시 말해 생물학적 성의 경계를 허무는 것은 여성을 보호하기 위한 제도의 근간을 위협한다고 본 것이다.

또한 트럼프 대통령은 19세 미만 미성년자의 성전환 의료 지원 중단을 명시한 행정명령에도 서명했다. 해당 조치는 트랜스젠더 청소년의 성별 전환을 돕는 호르몬 요법과 사춘기 억제제 등의 의료 서비스에 대한 연방 자금 지원을 중단하는 내용을 담고 있다.

행정명령의 핵심은 성 정체성 문제를 '사회적 권리'보다 '생물학적 사실'로 규정하고, 성별 전환에 대한 국가의 개입과 지원을 최소화하겠다는 입장을 명문화한 것이다.

트럼프는 2025년 2월 5일, 트랜스젠더 선수의 여성부 스포츠 출전 금지 행정명령에 서명했다. 해당 명령의 제목은 「여성 스포츠에 남성은 없다No Men in Women's Sports」로 행정명령의 목적은 여성 스포츠의 공정성과 경쟁 균형을 보호하기 위한 조치로 설명되었다.

이에 따라 미국대학체육협회NCAA는 다음 날인 2월 6일, 여성 스포츠 출전 자격을 '출생 시 여성으로 지정된 선수'로 한정하는 새로운 정책을 공식 발표했다.

또한 같은 해 1월 28일, 트랜스젠더의 군 복무를 전면 금지하는 행정명령에도 서명했다. 이 명령은 현재 복무 중인 트랜스젠더 군인을 포함해 모든 트랜스젠더의 군 복무를 금지하며, 약 1만 5,000명의 트랜스젠더 군인을 의료상 부적합 판정 후 전역 조치할 수 있도록 규정했다. 트럼프 대통령은 이 조치가 '군의 전투 준비 태세를 약화시킬 수 있는 요인을 제거하기 위한 것'이라고 밝혔다.

한편, 성전환을 원하는 미성년 자녀를 둔 부모들은 극단적인 선택을 강요받는 상황에 놓이기도 한다는 지적이 있다. 일부 부모들은 의료진으로부터 '지금 성전환 수술을 거부하면 죽은 아들을 보게 될 것이고, 수술을 허락하면 살아 있는 딸을 보게 될 것'이라는 말을 듣고, 두려움 속에 수술에 동의했다는 것이다.

억만장자 기업가 일론 머스크의 장남 자비어 머스크Xavier Musk는 트랜스젠더로 알려져 있으며, 이후 법적 절차를 통해 여성으로 성별을 변경한 사실이 보도되었다. 머스크는 이와 관련해 사회 전반에 확산된 '각성 이념woke mind virus'이 자녀에게 부정적인 영향을 미쳤다고 언급하며 비판적인 입장을 밝혔다. 이러한 발언은 그의 정치적 성향 변화와 기업 운영 방향에도 일정 부분 영향을 미친 것으로 해석되기도 한다.

이 일련의 사건들은 젠더 이슈가 단순한 개인의 정체성 문제를 넘어, 정치·사회·문화 전반의 분열과 가치 논쟁으로 확산되고 있음을 보여주는 상징적 사례로 평가된다.

성 정체성 논란,
생물학적 성^{性}이냐, 사회적 성^{gender}이냐

성 정체성을 둘러싼 논쟁은 단어 선택에서부터 시작된다. 전통적 가치관을 지닌 이들은 세상에는 남성과 여성, 두 가지 성만 존재한다고 본다. 반면, 진보적 시각에서는 성을 부정하지는 않지만, 생물학적 성 구분만으로는 인간의 정체성을 설명할 수 없다고 보고 '젠더'라는 새로운 개념을 제시했다. 젠더는 생물학적 요인이 아닌 사회·문화적 경험을 통해 형성되는 성 정체성으로 이들은 이를 통해 기존의 '생물학적 결정론'을 거부한다.

이러한 변화는 많은 사람에게 혼란을 불러일으켰다. 종교적 전통에서 '남자와 여자를 창조했다'는 구절이 상식처럼 받아들여져 왔기 때문이다. 그러나 오늘날에는 'LGB$^{Lesbian, Gay, Bisexual}$'를 비롯해 제3, 제4, 제5의 성까지 존재한다고 보는 흐름이 확산되고 있다. 이제는 '성' 대신 '젠더'라는 용어가 더 자주 사용된다.

성소수자 범주도 계속 확장되고 있다. LGB는 LGBI+, LGBTQ, 나아가 LGBTQQIAAP $^{Lesbian, Gay, Bisexual, Transgender,}$

Queer, Questioning, Intersex, Allies, Asexual, Pansexual로 발전했다.

미국 ABC News 보도에 따르면, 페이스북은 사용자가 Gender Variant, Gender Questioning, Intersex, Pangender 등 58개의 젠더 항목 중에서 자신의 정체성을 선택할 수 있도록 했다.

이처럼 성 정체성은 점점 세분화되고 있으며, 각 젠더를 상징하는 프라이드 깃발도 다양하게 등장했다. 미국 로스앤젤레스 카운티 보건복지부 산하 정신건강부 웹사이트에는 다양한 젠더 깃발이 소개되어 있으며, 인터넷에서 프라이드 깃발을 검색하면 수십 종의 깃발을 확인할 수 있다.

이 현상은 젠더가 단순히 개인의 정체성 문제를 넘어 사회와 문화의 새로운 언어이자 정치적 상징으로 자리 잡았음을 보여준다.

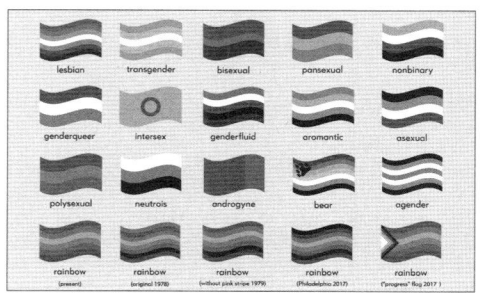

| 출처: 미국 로스앤젤레스 카운티 정신건강부
https://buly.kr/2feYrah

젠더 이데올로기와
전통적 가치의 충돌

보수 성향 인사들은 젠더 이데올로기가 전통적인 성 개념과 종교적 가치관에 상충한다고 주장한다. 이들은 젠더 담론이 남성과 여성의 본질적 구분을 흐리게 하고, 전통적인 도덕 질서를 시대에 뒤떨어진 것으로 취급한다고 본다.

과거에는 신앙심이 깊은 기독교인이 사회의 도덕적 본보기로 여겨졌으나, 최근 세대 사이에서는 교회에 다니는 것이 오히려 보수적이고 구시대적인 것으로 인식되는 분위기가 형성되고 있다. 반면, 비기독교인이거나 성소수자로 사는 삶은 '자유롭고 진보적인' 이미지로 묘사되는 경향이 강하다.

이러한 변화는 교육 현장에도 혼란을 가져왔다. 젠더 논쟁이 치열한 지역의 학교에서는 교사가 학생들에게 '남자는 남자, 여자는 여자'라고 단정적으로 말하기 어렵다. 젠더 관점에서 보면, 이러한 이분법적 표현은 편견을 강화한다는 비판을 받을 수 있기 때문이다. 반대로 보수적 지역에서는 오히려 그러한 발언이 '정상적 교육'으로 여겨지며, 교사에게 그와 같은 교육을 요구하는 학부모도 많다.

플로리다주에서는 이른바 '부모의 교육권 법이 시행되고 있다. 이 법은 유치원부터 초등학교 3학년까지 교사가 학생들에게 성적 지향이나 젠더 관련 주제를 가르치지 못하도록 제한한다. 교사가 이를 어길 경우 소송에 휘말릴 수 있으며, 학교 현장에서는 법적 책임을 피하기 위해 성 관련 주제를 아예 다루지 않으려는 분위기가 확산되고 있다.

종교계 또한 젠더 논쟁에서 자유롭지 않다. 일부 교회에서는 성소수자에게 세례를 베풀 수 있는가를 두고 신학적, 윤리적 논쟁이 이어지고 있다. 젠더 이슈는 이제 교육과 종교의 영역까지 깊숙이 파고들며, 전통적 가치와 새로운 사회적 흐름 사이의 갈등을 상징하는 주제가 되었다.

최근 미국 교육 현장에서 성 정체성을 둘러싼 논의가 실제 수업과 학생 관리 전반에 큰 영향을 미치고 있다. 이에 필자는 미국의 한 현직 고등학교 교사와 이야기를 나누며 현장의 변화를 직접 들을 수 있었다.

그에 따르면, 현재 미국 고등학교의 생물 시간에 '남성male'과 '여성female'의 생식기 구조를 기존처럼 구체적으로 가르치지 않는다. 성별 이분법에 기반한 설명이 특정 학생들에게 불편함을 줄 수 있다는 이유에서다. 대신 생식 관련 내용은 보건 과목에서 보다 간략하고 중립적인 표현으로 다뤄진다고 한다.

또한 학교는 성관계 교육에서도 이성 간(남자-여자)뿐 아니라 동성 간(남자-남자, 여자-여자) 관계도 동일하게 설명한다. 수업 전에는 학교가 학부모에게 공식 가정통신문을 보내며, 해당 내용을 원치 않는 학부모는 자녀를 다른 수업으로 옮길 수 있는 선택권을 갖는다.

그는 한 사례를 소개했다.

"어느 날, 한 레즈비언 학생이 찾아와 자신은 앞으로 남성 역할을 하고 싶으니 '제인Jane' 대신 '마이크Mike'로 불러 달라고 요청했습니다. 그때부터 저는 그 학생을 'he'로 지칭해야 했고, 출석부에도 새 이름으로 표기했습니다. 교실 자리 배정 시에도 이런 정체성 변화를 고려해야 했습니다."

그의 이야기는 성 정체성 논의가 단순히 사회적 담론에 그치지 않고, 교실 운영과 교사-학생 관계, 교육 방식 전반을 바꾸고 있음을 보여준다.

보수우파는 성 정체성 이슈 자체를 전면적으로 부정하지는 않는다. 그들 역시 각 개인의 '다름'을 이해하고 존중해야 한다는 점에는 동의한다. 다만 성 정체성 문제가 사회 전반에서 지나치게 과도하게 다뤄지고 있다고 본다.

그들은 성 정체성 혼란을 겪는 사람의 비율이 전체 인구의

극히 일부(약 0.005%)에 불과함에도, 사회 전체가 이 문제에 과도하게 몰입하고 있다고 지적한다. 보수 진영의 시각에서 보면, 혼란스러워하는 소수에게 공감과 배려를 보내는 일은 중요하지만, 그렇다고 모두가 그 혼란 속으로 함께 들어가야 하는 것은 아니라는 것이다.

즉, 성 정체성 논의의 목적이 포용과 이해를 위한 것이 아니라, 사회 전체가 특정한 가치관이나 이념적 관점에 동조하도록 압박하는 방향으로 흐를 때, 이는 오히려 '관용의 이름으로 이루어지는 집단적 망상'이 될 수 있다고 경고한다.

이러한 입장은 '차이를 인정하되, 상식의 균형을 잃지 말자'는 보수 진영의 기본적 태도를 잘 보여준다.

보수 성향의 평범한 부모들이 바라는 것은 거창하지 않다. 그저 아이들이 구김살 없이 건강하고 행복하게 성장하는 것, 그리고 학교에서 즐겁게 배우고 성실히 공부하는 것이다. 이들은 교사와 학교가 자녀들의 학업 능력 향상에 집중하기를 기대한다. 그러나 현실은 다르다고 느낀다.

많은 부모는 '공부하라고 학교에 보냈더니, 돌아오는 건 젠더 논쟁뿐'이라고 토로한다. 학교 수업에서 성 정체성 관련 주제가 빈번히 다뤄지면서 아이들이 오히려 혼란과 불안을 느끼게 된다는 것이다.

한 미국 동부 지역의 학교에서는 교사가 치마를 입은 여학생에게 '부모님이 치마를 입도록 강요했느냐'고 물었다는 사실이 알려지면서 학부모들이 강하게 반발했다. 또한 성 정체성 혼란을 겪는 아이의 이야기를 다룬 책이 정규 교과 과정에 포함되자 학부모들이 집단 소송을 제기한 사례도 있었다.

이러한 불만과 우려는 정치적 선택으로도 이어졌다. 2024년 미국 대통령 선거 출구 조사에 따르면, 18세 미만 자녀를 둔 부모의 53%는 공화당 후보 도널드 트럼프를, 44%는 민주당 후보 카멀라 해리스를 지지했다.

이는 2020년 대선에서 바이든(52%) 대 트럼프(46%)의 결과와 정반대 양상이다. 특히 아버지 유권자의 경우, 60%가 트럼프를 지지했고, 해리스 지지율은 37%에 그쳤다.

이 같은 흐름 속에서 일부 보수 인사들은 공화당을 '부모의 정당Parents' Party'이라 부르며, 젠더 교육 논란이 가족 단위 유권자들의 정치 성향까지 변화시키고 있다고 분석한다.

2024년 9월에 발표된 다음의 기사는 캘리포니아주에 거주하는 한국 교포 학부모들의 성 정체성 교육에 대한 진솔한 우려와 기대를 담고 있다. 이것은 정치 성향의 문제가 아니다. 그저 부모로서 자녀들이 바르게 성장하길 바라는 마음이다. 그들의 소망은 단순하다. 자녀들이 평범한 일상 속에서 올바른 가치와 정직함, 존엄함을 배워 나가기를 바라는 것이다. 그 마음은 아마 누구나 공감할 수 있을 것이다.

> "얼마 전, 아들의 학교를 계기로 알게 된 일곱 가족이 함께 모여 즐거운 시간을 보냈다. 그날의 대화 주제는 자연스럽게 '동성애 교육'으로 이어졌다. 미국에서 가장 진보적인 주에 살고 있는 일곱 명의 한인 어머니들은 최근 학교에서 급속히 변화하고 있는 LGBTQ 관련 교육과 분위기에 대해 한목소리로 불안감을 토로했다.
>
> 최근 몇 년 사이 미국 내에서 성 정체성과 성적 지향 교육이 공교육 현장으로 확산되면서 부모들 사이에서 논쟁이 뜨겁다. 특히 어린 학생들에게까지 이러한 주제가 다뤄질 수 있다는 사실은 많은 부모에게 큰 우려를 불러일으켰다. 이전에는 학교에서 다루지 않던 민감한 주제들이 교과 과정에 포함되면서 자녀들이 성 정체성에 혼란을 겪지는 않을지, 또 가정에서 배운 전통적 가치관이 흔들리지는 않을지 걱정하는 부모들이 늘고 있다.
>
> 이날 모인 부모들의 생각은 한결같았다. 학생들의 권리와 다양성은 존중되어야 하지만, '성소수자로 사는 것이 멋있는 일'로 비춰지는 사회적 분위기가 자녀들에게 어떤 영향을 미칠지에 대해 우려를 나

타냈다. 그들은 자녀들이 사회의 다양성을 이해하고 타인을 존중하되, 혼란 없이 자신만의 가치관과 정체성을 지키며 자라나길 바라고 있었다."

-출처: 《한국일보》, [뉴스의 현장] 공립학교 성 정체성 교육 논란, 2024년 9월.

'과유불급'과 MANA

트럼프의 반 ESG 정책 방향은 간단히 말해 'MANA', 즉 Make America Normal Again(미국을 다시 '정상적인 나라'로 만들자)로 표현된다. 이 구호는 우리가 잘 아는 'MAGA'(Make America Great Again, 미국을 다시 위대하게 만들자)에서 'Great(위대한)' 대신 'Normal(정상적인)'을 넣은 것이다.

그의 주장은 명확하다. 민주당이 주도해 온 PC와 DEI로 인해 미국 사회가 지나치게 이념화되고 비정상적인 방향으로 치우쳤으니 이를 바로잡아야 한다는 것이다.

오늘날 많은 미국인은 과도하게 강요되는 PC와 DEI 문화에 피로감을 호소한다. 이를 비판적으로 표현한 신조어인 'DEI 기소'라는 말까지 등장했을 정도다. "이건 너무한 것 아니냐?"라는 탄식이 곳곳에서 터져 나오며, 결국 '과유불급過猶不及'이라는 교훈을 떠올리게 한다.*

 2024년 대선에서 트럼프가 자주 언급한 단어 중 하나는 '상식common sense'이었다.** 그는 미국 사회가 급진적 PC·DEI 담론에 매몰되면서 일반 시민이 공감할 수 있는 보편적 양식과 상식에서 멀어졌다고 지적했다. 따라서 그가 말하는 '정상으로의 복귀'란, 단순한 회귀가 아니라 '상식의 회복'을 의미한다.

 트럼프는 급진적 좌파의 영향으로 혼란스러워진 미국을 다시 상식과 균형의 나라로 되돌리겠다고 밝혔다. 결국 MANA는 단순한 정치 구호가 아니라 '정상'과 '과도함' 사이의 균형을 되찾자는 외침이라 할 수 있다.

 《월스트리트 저널》의 한 비디오 칼럼은 트럼프의 등장을 안데르센의 우화 〈벌거벗은 임금님〉 속 어린 아이에 비유했다.

- 강준만의 『정치적 올바름』에서도 PC 운동의 문제점을 '과유불급'으로 요약한다. 그는 이 운동이 본래 '인간에 대한 예의'에서 출발했지만, 정작 다른 의견을 가진 사람들을 공격하고 매도하며 '인간에 대한 예의'를 잃어버리는 자기모순에 빠졌다고 지적한다.
- ** 일반적으로 common sense는 '기본 지식'이라는 의미로 이해되는 경우가 많다. 상식퀴즈나 상식백과사전에서처럼 흔히 '일반적으로 알고 있어야 하는 지식knowledge'을 뜻한다고 여겨진다. 그러나 sense라는 단어가 내포하듯이 common sense는 단순한 지식이 아니라 '양식' 또는 '일리sense'를 의미한다. 타당하다는 뜻의 make sense에서의 sense와 같다. 따라서 보다 정확한 의미를 전달하기 위해 common sense는 '보편적인 생각이나 양식'으로 풀이하는 것이 적절하다.

임금이 옷을 입지 않았음에도 아무도 진실을 말하지 못할 때, 단 한 명의 아이만이 '임금님은 벌거벗었다'고 외친다. 트럼프는 바로 그 아이처럼 사회가 모두 외면하거나 두려워 말하지 못한 '불편한 현실'을 지적했다는 것이다.

그가 문제 삼은 것은 남성이 스스로 여성이라고 주장하면 여성 화장실이나 탈의실을 이용할 수 있도록 한 제도적 상황이었다. 트럼프는 이를 '상식의 왜곡'이라 비판하며, PC와 DEI의 과잉이 사회를 비정상적으로 만들고 있다고 주장했다.

칼럼은 이렇게 메시지를 전달한다. 좌파는 마치 임금님에게 투명한 옷을 입혔다고 속인 사기꾼 재단사처럼 PC와 DEI라는 '보이지 않는 미덕'을 내세워 모두가 그것을 진리인 양 믿게 만들었다. 하지만 트럼프는 그 허상을 꿰뚫어 보며, "임금님은 벌거벗었다!"라고 외친 아이처럼 '상식의 언어로 현실을 직시한 정치인'으로 묘사된다.

-출처: WSJ VIDEO https://vvd.bz/oVO

상식의 혁명

미국인들에게 Common Sense라는 단어는 단순한 '상식'이 아니라, 미국 독립정신의 상징이다. 미국 독립전쟁 초기만 해

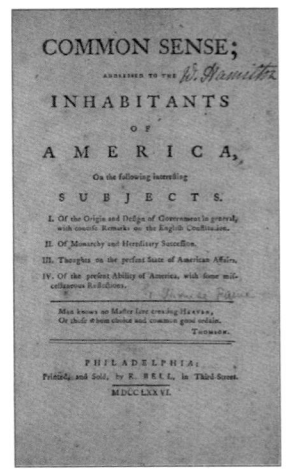

도 식민지 주민들의 목표는 '독립'이 아니었다. 당시 다수의 식민지인은 자신들을 여전히 '영국 시민'으로 여기며, 단지 영국 본국으로부터 식민지의 권리 보장을 얻고자 했다.

그러나 1776년, 토머스 페인Thomas Paine의 저서 『상식Common Sense』이 출간되면서 상황은 달라졌다. 그는 "진정한 자유와 정의를 위해서는 영국과 단절해야 한다."라고 주장하며, 신대륙의 미국인들이 스스로의 손으로 새로운 문명과 민주주의 정부를 세워야 한다고 역설했다. 이 책은 미국인들의 마음속 깊이 잠들어 있던 정체성의 자각을 깨우는 계기가 되었다.

"우리는 더 이상 영국인이 아니라 미국인이다."

정신적 커밍아웃이었다. 혁명 말기까지 이 책은 약 50만 부가 팔렸다. 당시 인구를 감안하면 미국의 거의 모든 가정마다 한 권씩 있었다고 해도 과언이 아니다. 이 책은 단순한 팸플릿이 아니라, 미국 독립의 불씨를 지핀 혁명의 선언문이었다.

'상식의 혁명'은 트럼프 대통령이 취임식에서 사용한 표현이다. 그는 토머스 페인이 던진 역사적 의미를 빌려, 오늘날의 미국에도 새로운 '상식의 혁명'이 필요하다고 강조했다. 이는 국민을 다시 깨우고, 제도적 관성을 넘어 민주주의의 본래 정신을 회복하자는 메시지였다.

'독립', '민주주의', '저항', 그리고 '각성'을 아우르는 이 표현은 미국의 건국 정신을 현대적으로 되살린 탁월한 정치적 캐치프레이즈로 평가된다.

에필로그

2024년 11월 미국 대통령 선거에서 도널드 트럼프는 2016년과 달리 전체 득표수에서도 우위를 점했다. 미국인 절반가량이 그를 지지한 셈이다.

우리는 매일 뉴스를 통해 미국을 접하지만, 그 이미지의 대부분은 민주당 중심의 절반에 머무른다. 반면, 공화당을 지지하는 또 다른 절반의 미국은 상대적으로 낯설다. 이는 우리가 미국을 균형 잡힌 시각으로 바라보지 못할 위험이 있음을 시사한다.

이 책은 그 공백을 메우려는 시도다. 특히 ESG를 둘러싼 미국 보수 진영의 시각과 논리, 즉 트럼프로 대표되는 보수층의 관점을 정리했다. 다만 무엇이 옳고 그른지를 논하려는 것은 아니다.

우리는 미국의 유권자도, 그 사회의 내부 구성원도 아니다. 다만 한국 독자들이 미국 내 ESG 논의를 보다 입체적으로 이해할 수 있도록 맥락과 배경을 제공하는 것, 그것이 이 책의 목적이자 저자의 의도다.

오늘날 미국과 교류하거나 협력할 때, 상대방의 절반은 트럼프 지지자일 수 있다. 정치적 견해와 무관하게 상대의 세계관을 이해하는 것은 오해와 불쾌감을 줄이는 실용적 지혜가 된다. 예컨대, '석탄과 석유 사용을 줄이자', '다양성을 적극 추구하자'는 말은 한국에서는 자연스럽지만, 미국에서는 정치적 논쟁의 불씨가 될 수 있다. 사회적·역사적 맥락이 다르기 때문이다.

지금 ESG는 미국에서 분명히 정치적 쟁점이 되었다. ESG의 상징이었던 블랙록의 CEO 래리 핑크조차 '정치화된 ESG라는 용어를 더는 쓰지 않겠다'고 선언했다. 보수층의 80%는 기후 변화를 심각한 위협으로 보지 않으며, ESG의 'S^{Social}'를 대표하는 DEI 논의는 미국 사회를 반쪽으로 갈라놓았다.

이 책은 미국을 둘러싼 거대한 담론을 해석하려는 시도가 아니다. 학술서도, 정치적 선언문도 아니다. 저자가 법을 업으로 삼는 사람으로서 미국 내 ESG 관련 논쟁을 보다 쉽게 풀어보고자 한 작은 시도일 뿐이다. 복잡한 법리나 이념의 옳고 그름보다, "왜 미국에서는 ESG가 논쟁이 되는가?"라는 질문에 대한 배경과 맥락을 전달하고자 했다.

이 책을 통해 독자들이 "아, 미국에서는 ESG가 이렇게 논쟁적이구나.", "그 이유에는 이런 사회적 배경이 있었구나." 하고 이해할 수 있다면, 저자의 의도는 충분히 달성된 것이다.

마지막으로 진영 논리가 깊게 드리운 우리 사회에서 이 책이 작은 소통의 창이 되기를 바란다. 서로를 향한 이해의 통로가 된다면 그것으로 족하다.

정호승 시인의 시 「창문」의 한 구절로 이 책을 마친다.

"나는 세상의 모든 창문이 닫기 위해 만들어진 게 아니라, 열기 위해 만들어졌다는 것을 아는 데에 평생이 걸렸다."

참고 문헌 및 자료

『정치적 올바름』, 강준만, 인물과사상사, 2023.7.
한국인의 시각에서 PC(정치적 올바름) 개념을 가장 쉽게 이해할 수 있도록 구성된 저서다. 특히 한국 사회 내에서 논쟁이 되는 주요 PC 쟁점들을 현실감 있게 다루고 있어 PC의 개념과 논리를 국내 독자가 균형 있게 파악하는 데 유용하다. 이 책의 여러 논의는 본서의 PC 및 DEI 관련 장에서 폭넓게 참고·인용되었다.

『자유의 적: 자유 Speechless: Controlling Words, Controlling Minds』, 마이클 놀스 Michael Knowles, 반지나무, 2024.10.
미국 보수주의 논객이자 정치 평론가인 저자가 쓴 이 책은 보수 진영이 바라보는 PC의 본질과 그 역사적 흐름을 명료하게 분석한다. 언어와 사고를 통제하는 메커니즘을 날카롭게 짚으며, '문화 전쟁'과 '젠더 논쟁'의 이념적 뿌리를 파헤친다. 본서의 문화 전쟁·성 정체성·PC 담론 부분에서 다수의 인용과 해석이 이루어졌다.

『정치적 부족주의Political Tribes』, 에이미 추아Amy Chua, 부키, 2020.4.

예일대 로스쿨 교수인 저자는 세계 여러 지역(베트남, 이라크, 베네수엘라 등)의 정치적 갈등 사례를 통해 정체성 정치와 부족주의의 본질을 분석한다. 특히 미국 내부의 인종과 계층, 정치적 분열이 어떻게 '부족 단위의 충성심'으로 변했는지를 날카롭게 조명한다. 본서에서는 PC, 인종, 정체성 갈등, 문화 전쟁 관련 장에서 주요 이론적 근거로 인용하였다.

〈에너지 정책에 관한 한 트럼프는 천재입니다(법무법인 율촌 최준영 전문위원) - YouTube | https://vvd.bz/oYA〉.

트럼프의 에너지 정책을 통찰력 있는 시각으로 명확하게 분석하고 정리한 영상이다. '경제 패권과 에너지'의 상당 부분은 본 영상을 참고하고 인용했음을 밝힌다.

감사의 글

　부족한 점이 많은 이 책을 세상에 내놓을 수 있도록 도와주신 (주)지니의서재 이교숙 주간님께 깊이 감사드린다.
　새로운 길을 나서는 데 언제나 용기를 주시고, 어려울 때마다 아낌없는 격려를 보내주신 아버지와 집필 기간 내내 건강을 걱정해 주신 어머니께, 원고를 처음부터 끝까지 여러 차례 검토하시며 불확실한 표현과 오탈자 하나하나를 세심히 찾아 주시고, 책의 흐름과 방향성에 대해 통찰력 있는 조언을 주신 장인어른, 집필하는 동안 불편한 점은 없는지 늘 살펴주신 장모님께 진심으로 감사드린다. 그리고 동생 홍재범·박소연 님, 처남 임상필·서혜리 님께도 감사의 마음을 전한다.

　이 책을 집필하며 가족의 일원으로 살아간다는 것이 얼마나 소중한 일인지, 다시금 깊이 깨달았다.
　마지막으로, '하늘 아래 새로운 것은 없다'는 말로 집필의 용기를 북돋아 준 사랑하는 아내 임지은 님, 주말마다 도서관에 함께 가 묵묵히 공부해 준 사랑하는 아들 홍태윤에게 이 책을 바친다.